D1322450

collection
« PLUME »

LES INDES ACCIDENTELLES

Éditions de la Pleine Lune
223, 34ᵉ Avenue
Lachine (Québec)
H8T 1Z4

www.pleinelune.qc.ca

Illustrations

Le SADRE, en pages 2 et 125, et le GAGEAV, en pages 4 et 120,
qu'on retrouve aussi en page couverture avec le PATE et le
PATONNE sont tirés de *The Drake Manuscript in the Pierpont
Morgan Library, Histoire naturelle des Indes, The Pierpont Morgan
Library,* New York, MA 3 900, planches 35, 79 et 51, reproduites
ici avec l'aimable autorisation de *The Pierpont Morgan Library.*
L'image au verso de la couverture est un détail de *Columbus
primus inventor Indiae,* planche VI de l'ouvrage de Théodore
de Bry, *India Occidentalis,* vol. 4 (Impression Franco-furti,
1590). Cette gravure est reproduite ici avec l'aimable
autorisation de *The Newberry Library,* Chicago (Collection
Edward E. Ayer).

Maquette de la couverture
Nicole Lafond

Mise en pages
Jean Yves Collette

Diffusion pour le Québec et le Canada
Prologue
1650, boulevard Lionel-Bertrand
Boisbriand (Québec)
J7H 1N7

Téléphone : (450) 434-0306
Télécopieur : (450) 434-2627

Robert Finley

ACCIDENTELLES

Traduit de l'anglais par Ivan Steenhout

éditions de la
pleine
LUNE

Les éditions de la Pleine Lune remercient le Conseil des arts du Canada de l'aide accordée à leur programme de publication et de sa contribution à la traduction de cet ouvrage. Elles remercient aussi la Société de développement des entreprises culturelles (SODEC), pour son soutien financier, et reconnaissent l'aide financière du gouvernement du Canada par l'entremise du Programme d'aide au développement de l'industrie de l'édition (PADIÉ) pour leurs activités d'édition.

Titre original : *The Accidental Indies*
Publié par McGill-Queen's University Press, 2000
© 2000, McGill-Queen's University Press

ISBN 2-89024-161-0

© 2004, éditions de la Pleine Lune et Ivan Steenhout,
    pour la traduction française
Dépôt légal – deuxième trimestre 2004
Bibliothèque nationale du Québec
Bibliothèque nationale du Canada

Ce livre est dédié à Ted Chamberlin

UN DÉPART

LA LÉGENDE DE LA NOURRICE

... Il y avait en ce lieu une colline
surmontée d'un vaste plateau couvert
d'herbe luxuriante ; mais il n'y avait pas
d'ombre. L'ombre y descendit après que
le barde, fils des dieux, s'y fut assis et eut
fait chanter les cordes de sa lyre. Alors y
apparurent le chêne de Chaonie,
le peuplier des Héliades, le marronnier
aux hautes frondaisons, le tendre tilleul,
le hêtre, le laurier vierge, le noisetier
fragile, le frêne avec lequel se fabriquent
les lances, le sapin souple et argenté,
l'yeuse ployant sous les glands,
le charmant platane, l'érable
multicolore, le saule qui hante
les rivages, le lotus d'eau, le buis toujours
vert, le gracieux tamaris, le myrte
bicolore, le laurier-tin aux baies bleu
foncé. Et vous apparûtes aussi, lierres
grimpants, et avec vous les vignes
chargées de pampres, les ormes drapés
de vignes ; le sorbier des oiseleurs,

le faux sapin, l'arbousier lourd de fruits
colorés, le nonchalant palmier et ses
palmes, trophée des vainqueurs ; et toi
aussi, pin au corps lisse et aux cheveux
hirsutes, chéri de Cybèle, la mère des
dieux, parce qu'Attis qu'elle aimait
troqua pour ton tronc nu sa forme
humaine. À cette foule se joignit le
conique cyprès…

Ainsi chantait la nourrice. Et, chantant ainsi,
rêvait de l'endroit créé par le chant, et de son
ombre verte et fraîche. Mais le bébé dont elle
avait la garde n'écoutait pas. Et ne rêvait pas non
plus. Assis, avec toute son infantile attention
concentrée sur les paupières lourdes de sa
nounou, il ne cessait, dans son cerveau
pré-articulé, de répéter l'image du mot « dors,
dors… dors ». Et, soit de par l'insistante et
muette mélopée de l'enfant ou les inflexions
mélodieuses de ses propres paroles, la jeune
femme dormait effectivement et rêvait de
l'ombre verte et fraîche que le chant avait créé
dans cette petite chambre, à Gênes, en pleine
chaleur d'une après-midi d'été.

Sa sortie de scène est la première de notre
histoire. Déjà, les ultimes moments de son travail
de nourrice et de gardienne fuient à toute vitesse

(*à toute vitesse,* imaginez ! dans la torpeur de
l'après-midi). Quand elle se réveillera, tout aura
changé. Déjà l'ombre du pas lourd qui, dans
un instant, gravira l'escalier, le point final,
les ellipses de son inattention, déjà l'ombre
du premier soulier s'approche de la première
marche – même si la jeune femme dort encore,
sereine. Sa sortie de scène est la première.
À présent : le premier départ.

   Le bambin dont elle a la garde se lance dans
ses toutes premières explorations, teste l'horizon
du sommeil de sa gardienne et la liberté qu'il
peut y trouver. Pendant qu'elle rêve, il se met en
branle. Petits poings ridés et tendus, il se mesure,
inquiet, aux obstacles des oreillers, des taies, des
couvertures, à celui de son propre imprévisible
moi de bébé, à la longitude et à la latitude de son
berceau, et à son terrible roulis – parce qu'il y a,
pris au piège de la lumière d'après-midi qui
tombe par la fenêtre et tachette le livre que
la nourrice a dans les mains, au piège de cette
lumière, l'éblouissant objet de son entreprise.
L'or lumineux, peut-être d'un crucifix, scintille
sur le mur de cette chambrette surplombant
la rue, dans laquelle une jeune femme dort
sur sa chaise, un livre de poésie entre les mains,
souriante, inconsciente, et dans laquelle
un enfant parvient à hisser un genou potelé

par-dessus l'instable paroi de son enfermement –
avec ses yeux brillants rivés sur l'est.

Avant qu'il arrive quoi que ce soit, avant
l'inévitable, il conviendrait de noter ici
l'intelligence qu'a cet enfant non seulement
de sa destination, mais de sa destinée, et à quel
point les deux sont imbriqués pour ne former
qu'un seul fil. Il est en passe de découvrir
quelque chose d'énorme. Pensez à la terrible
énergie des bébés, pensez qu'il a peut-être
délibérément induit la nourrice (qui a vraiment
besoin de ce travail) à la distraction et au
sommeil. On décèle en lui, avec sa jambe,
son bras, sa tête dressée au-dessus du bord de son
berceau, l'astuce et la circonspection. Lui, qui
n'est jamais allé nulle part, semble déjà grisé par
le plus puissant des opiums : l'ici, ici, l'ici dans
l'ailleurs, le but à atteindre, la fin du voyage.
Sa mère lui a donné le nom du géant païen
devenu saint, le passeur, le porteur du Christ,
homme simple d'un lieu complexe, celui qui
transporte les êtres et les choses d'une rive à
l'autre, M. Çà et là, les larges épaules du Verbe,
Christoforo, Christophe : Χρο FERENS, saint ; et
son père, tout aussi captif des possibles, lui a
donné son autre nom et l'autre moitié des
hasards de sa fortune : Colon, arche, coloniarche
ou (en espagnol) colombe de la discorde qui

porte dans son bec une branche morte,
un rameau, une assertion de soi à travers
l'immensité des mers, Colombo, Colomb,
le messager.

Mais nous voilà aussi distraits que la pauvre
nourrice, dont les deux yeux qu'elle vient à
peine de fermer, tournés vers le bas comme des
croissants de lune gémellés dans la quiétude
universelle du sommeil, sont à présent redevenus
immenses et noirs, éclipsés par la peur ; et ses
yeux prononcent la lettre d'effroi : « O ! »,
tandis qu'un bruit sourd et accusateur la réveille
complètement… mais où est Christophe ?
Où est-il passé ? Nous l'avons laissé en équilibre
instable sur le bord chancelant de son univers
de bébé, en route, incontestablement, vers l'est.
Depuis, le bambin dont nous avions la garde
(responsabilité qui est aussi, en partie du moins,
la nôtre), évaluant mal les distances, s'est élancé
dans l'air calme et assoupi de l'après-midi et a
culbuté avec élégance (si nous le regardons au
ralenti, avec ingéniosité même et même, si nous
le regardons vraiment, vraiment au ralenti,
avec une intention bien arrêtée, héroïquement
même), a tourné quatre fois cul par-dessus tête
avant d'emboutir d'un coup sec les planches
rugueuses du plancher de sa chambre d'enfant.
Il est facile de suivre la trace de son cours dans le

tourbillon, les grains d'or du soleil qui tournoient encore dans l'air doré. Et c'est ainsi que Christophe a, pour la première fois, testé l'effet de la taille et de la rotondité de la terre sur son crâne de bébé.

Éloignons-nous un peu de la scène pour en examiner plus attentivement la géographie. Une fenêtre est ouverte sur l'ouest. La nourrice est assise à côté et son visage est l'incarnation même de la surprise et du désespoir. À côté d'elle, un grand et sombre berceau continue de se balancer de manière inquiétante et, fugace témoignage aussi d'une catastrophe récente, écho ténu de cette première et historique conquête, les volutes des grains du soleil s'immobilisent, en suspens dans l'air interloqué. Rien d'autre ne bouge. La chambre elle-même est nue, à part, oui, pour en bénir le nom, suspendu au mur opposé à la fenêtre, un crucifix doré qui, à cette heure du jour, en capte la lumière ; un saint Christophe y est accroché au bout d'une chaînette. Le bébé est étendu sur le sol, entre le berceau et le crucifix. Il a les yeux grand ouverts. Il ne pleure pas. Il est cloué sur place par… Par quoi ?… Par un secret plaisir ? Ce qu'il cherche est encore hors de sa portée, et il le regarde d'un regard tellement halluciné que vous seriez en droit, lecteur, de vous inquiéter de sa santé ; une commotion cérébrale ? L'imminente et fulgurante ascension peut-être qui suivrait la même éclatante trajectoire que son regard levé vers son créateur ? Je suis ici pour vous le dire, il va bien. Les distances n'ont pas prise sur Colomb.

Est-ce qu'il va vraiment bien ?

La mère : « Oh, ma lune, ma malheureuse et tendre lune. »

Elle soigne la pauvre tête meurtrie du bébé.

Le père : Intransigeant.

Seule la nourrice comprend que le monde a changé pour toujours. (Des paroles acerbes ont été émises ; ses perspectives d'avenir sont noires. Congédiée, elle est debout dans l'embrasure de la porte des Incertitudes. Elle sent dans son cœur qu'elle donne à coup sûr sur la rue de la Douleur, alors elle hésite. Mais cela ne sert à rien et, déjà… la voilà partie.)

Et le monde ? Les noms nouveaux commencent à bouger dans leurs gangues. En (Virginie), un pigeon tombe du ciel et laisse tous les témoins perplexes. Au (Yucatán), un épi de maïs encore dans sa feuille s'enflamme sans raison. À (Hispaniola), une femme donne naissance à une pléiade d'enfants-serpents et, dans les îles au nord de ce lieu et au sud de ce lieu et à l'est de ce lieu et à l'ouest de ce lieu,

tout le monde se rappelle l'origine de ses ennemis. Et, en Europe, une faux tranchante abat le quarantième aïeul de la graine de chanvre qui donnera les premières fibres tressées et nouées de la ligne de loch de la *Santa Maria*.

QUI SAIT À QUOI S'ATTENDRE ?

Bartolomeo : As-tu déjà été en Chine ?
Alonso : Je ne sais pas.
Ici Christophe dirait à coup sûr : « Tu ne le *sais* pas ? As-tu quelque raison de croire que peut-être tu y as été un jour ? »
Alonso : (Silence).
Bartolomeo : T'es-tu trouvé un jour par exemple à proximité de la frontière chinoise ? Ou bien tes parents y étaient-ils à l'époque où tu es né ?
Alonso : (Silence).
Christophe : Normalement des Européens savent bien s'ils ont été en Chine ou non.

Et c'est ainsi, plusieurs années plus tard, que dans leurs appartements de Lisbonne, Colomb et son frère Bartolomeo administrent à leur hôte le brouet clair de la civilité inquisitoriale, accompagnant chaque cuillérée de questions, d'interminables questions. Il ne va pas bien. Il est navigateur, Alonso Sanchez, et est, en ce

moment, aussi insubstantiel qu'un fil de la
Vierge, presque transparent à force de privations.
Est-ce à cela qu'il faut attribuer l'asthénie de ses
réponses, à peine audibles des siècles plus tard ?
L'immatériel marin que les Colomb ont invité
à souper a été ramené chez eux en chaise à
porteurs des quais où il est apparu tôt ce matin,
hâve et en haillons. Il affirme être (pour le
moment) le seul survivant d'un voyage fatal vers
l'Angleterre, détourné de son cours et soufflé
vers l'ouest, des semaines et des semaines vers
l'ouest. Colomb l'a installé dans un lit près du
feu où il a dormi toute la journée, respirant à
peine, avec ses secrets coincés dans le fond de
sa gorge. Les Colomb, inquiets, font les cent pas
dans la chambre. Finalement, la curiosité
l'emporte sur la charité et ils apportent le brouet
au chevet du marin, et avec lui la litanie de leurs
questions :

Es-tu déjà allé en Chine ?
Le pilote pense à l'apparition dans la brume
d'un promontoire abrupt. Il est bleu, couvert
d'épinettes, et son odeur est douce. Il est le répit.
Trois semaines plus tôt, le pilote avait senti le
premier tortillon chaud dans les bourrasques
déchaînées du sud-est et, toute la nuit, senti
la lame de fond se bâtir. Puis l'horrible chaos du
matin sur la mer s'était modifié complètement

et inexplicablement de lui-même. Ce vent-là avait duré une semaine, puis soufflé de l'est. Quatre jours plus tard, ils en avaient franchi l'œil instable et, pendant une autre semaine, avaient lutté pour en ressortir de l'autre côté sur leur bateau qui battait les flots démontés comme un homme qui se noie. Alors, juste au crépuscule, le vent, devenu soudain comme amnésique, était tombé et la terre se dressait là, fantomatique, parfumée, entamant à peine la brume et se dessinant derrière elle et derrière le déferlement des vagues sur les brisants. Ils étaient restés au large pour la nuit et les rêves de leur sommeil épuisé en avaient gardé la vision, et quand l'aube s'était ouverte, l'image avait disparu.

Alonso Sanchez meurt dans la nuit. Même le brouet clair, après tant de jours sans rien (à boire sa propre urine, à sucer les entrailles humides des oiseaux de mer), était trop riche. Dans la matinée, Colomb le trouve, les yeux ouverts, mais vitreux, vides, ne brillant plus de l'éclat de l'immensité. Il les ferme doucement avec son pouce et son index, et il voit ce promontoire. Mais pas le promontoire seul. Il trace la ligne blanche des brisants avec une plume épaisse, délimite et nomme l'espace par-delà. Cette ligne, il la prolonge, provisoirement, avec une plume plus fine ; vers le sud : une pluie d'îles ; vers le nord : un long rivage bas. Le Cathay. Il y a, dans cette esquisse, une grande beauté, dans cette abstraction, sa naïveté, qui ne trace le contour de rien, sinon de l'essentiel, et néglige tout le reste. Les questions n'étaient pas nécessaires. Colomb sait à quoi s'attendre.

L'OUEST EST PARTOUT

Colomb sait à quoi s'attendre parce qu'une lettre lui arrive. Elle lui arrive par bateau et prend beaucoup de temps. Il est impatient. Il adresse à peine la parole à sa jeune femme pendant qu'ils mangent, ce soir, leur civet de lapin dans leur modeste maison de Porto Santo, la désolée. Mais voici que la lettre arrive par la route du bord de mer. Dans un moment, il la tiendra entre ses mains. Il sait qu'elle contient les meilleurs vœux de Paolo del Pozzo Toscanelli et une carte aussi. La carte dira : « Quoi que vous entrepreniez, vous réussirez. » Colomb sait qu'il réussira. La lettre dira : « En tant de lieues, vous atteindrez ces endroits qui regorgent de toutes sortes d'épices, de joyaux et de pierres précieuses. » Colomb sait combien de lieues. Et elle dira : « Ne soyez pas stupéfait que j'appelle "ouest" l'endroit où poussent les épices, parce qu'il est communément dit qu'elles poussent à

l'est, cependant celui qui fait voile vers l'ouest
trouvera toujours les dites régions à l'ouest,
et celui qui chemine vers l'est par voie de terre
trouvera les mêmes régions à l'est. » Colomb
n'est pas stupéfait. Il est encouragé. Il a toujours
su que l'Orient n'était pas un lieu, mais le nom
des richesses, et que l'Ouest était partout.
Et voici que la lettre arrive, apportée des quais
par le jeune aveugle, essoufflé, sur son cheval
écumant. Doña Felipa Perestrello y Moniz
l'apporte à Colomb. Il repousse le civet et les
bols, et déplie la lettre sur la table et tout est
exactement comme il savait que ce le serait,
même la Cité Céleste avec ses ponts de marbre
et les toitures d'or du Japon.

VŒUX PIEUX

Mais quelle est l'étendue exacte de l'Océan ?
Qu'en diriez-vous ? Pourriez-vous le traverser
dans un petit bateau ? Quelle est la surface
approximative de la Terre ? Vous l'avez vue en
miniature des milliers de fois : portée sur les
épaules d'un géant, fêlée comme un œuf dans
des dessins animés, craquelée, cognée, bottée,
boursouflée. C'est une vieille chose familière,
la Terre. Et photographiée : cerf-volant accroché
à la ligne de cœur, oh gemme bleu bleu d'une

indicible beauté, notre demeure, ô bien-aimée,
fenêtre lumineuse sur l'éternelle nuit. Et vous
l'avez survolée, en partie. L'Océan, l'océan
Atlantique : six heures vers l'ouest, sept vers l'est.
Mais j'espérais une réponse plus concrète.
Combien de pouces mesure la Terre ? Combien
de pieds, du talon à l'orteil ? Combien de verges,
du bout du nez au bout des doigts, combien de
brasses, de la tête à la plante des pieds, mesure
une traversée de la mer ? Faut-il prendre en
compte les flux et reflux des marées ? Inclure
dans notre calcul l'interminable coulée
des courants ?

La question n'est déjà pas facile en soi.
Maintenant, oubliez un continent.
Et de nouveau : quelle est l'étendue de la
mer Océane ?

*Selon les philosophes et Pline, l'océan qui
s'étend entre la pointe extrême de l'Espagne et
l'Inde n'est pas d'une grande largeur.*

Bon ! Voilà une bonne nouvelle. Et Colomb,
debout devant son lutrin près de la fenêtre de
sa maison, à Madère, marque les marges de
Imago Mundi du signe d'une

main qui pointe , et continue de lire :

*Un bras de la mer s'étend entre l'Inde
et l'Espagne. L'Inde est proche de l'Espagne.
Le commencement de l'Orient et celui
de l'Occident sont rapprochés.
Les eaux de la mer coulent d'un pôle à l'autre
entre l'extrémité de l'Espagne et
le commencement de l'Inde.
Aristote [dit que] entre l'extrémité de l'Espagne
et le commencement de l'Inde se trouve une
petite mer, susceptible d'être traversée en peu
de jours, d'où il s'en suit que la mer n'est pas
si grande qu'elle puisse couvrir les trois quarts
de la Terre comme certaines personnes
l'imaginent.
À partir de l'extrémité de l'Occident jusqu'à
la fin de l'Inde en passant par terre, il y a plus
de la moitié du circuit de la Terre.
Esdras dit : « Le troisième jour Tu as ordonné
que les eaux se rassemblent dans la septième
partie de la Terre : six parties Tu as asséchées
et gardées, dans l'intention que de celles-ci
certaines soient plantées de Dieu et labourées
qu'elles puissent Te servir. »
Notez que le bienheureux Ambroise et Aurèle
[Augustin] et plusieurs autres ont tenu Esdras
pour un prophète.*

Pourquoi marque-t-il tous ces passages ? Colomb
pense garder des choses en mémoire. En fait,
ces notes marginales le défont. Même dans ses
rêves, tout est marqué du signe de l'index tendu :
un cheval galope, *ergo* l'Idée ; une maison en
flammes, *ergo* l'Idée ; même lui :

Plus rien d'autre ne compte. Regardez-le.
Déjà ses cheveux en sont devenus blancs.

    Mais suivons plus loin la direction que pointe
le doigt. Où mène-t-elle ? Pas seulement à
ces détails techniques à propos de la brièveté
de l'océan et de l'immensité de l'Orient, qui lui
offrent toutes les richesses de l'Est, pour ainsi
dire, sur un plateau d'argent. Non, l'index tendu
est plus foisonnant et plus ambigu que cela.
Il nous guide à travers tout un nouveau monde
d'apostilles : un univers de fantasmes,
de monstruosités, de titillations et de tabous.
Sous son signe se rassemble l'entière et
excentrique société des preuves singulières dont
Colomb est maintenant persuadé. Ceci
n'équivaut pas à dire que la Confrérie de l'Index

Tendu ne soit pas un club extrêmement fermé. Les conditions pour y être admis sont aussi rigoureuses qu'obscures. Quels autres personnages raffinés trouvons-nous, rassemblés là sur la promenade du front de mer ? Quels onctueux hidalgos des marges se pavanent et tournent en mesure au son de la musique du joueur de guiterne et de sa muse ? Un groupe très étrange effectivement. L'Océan Étroit et le Vaste Orient, nous les avons déjà rencontrés. Leur costume est nettement biblique et leurs manières, pontifiantes. Ils parlent sans cesse de la même chose, et souvent à l'unisson. On les évite à tout prix la plupart du temps, sauf quand une partie de cartes est en cours : ils sont, tous les deux, de terribles joueurs, portés à miser gros. Le gagnant, d'habitude, est El Dorado, scintillant de mille feux, élégant, fraîchement poudré d'or, qui, avec ses ressources illimitées, continue toujours de jouer jusqu'à ce qu'il gagne. Puis il y a les Cannibales. « Complètement nus tels que leurs mères les ont mis au monde. » Ils entrent en scène, venus des marges de Marco Polo et des *Aventures* de messire Jehan Mandeville, de l'*Histoire naturelle* de Pline l'Ancien, de l'*Imago Mundi* de Pierre d'Ailly, et de beaucoup d'autres. Leurs mœurs sont, bien sûr, dégoûtantes ; pas un convive ne passera

sous le signe de l'index tendu sans que l'un
ou l'autre n'affirme avec nostalgie que la chair
humaine, de par l'excellence de son goût,
surpasse toutes les autres. Mais les Cannibales
sont de loin le groupe le plus nombreux au sein
de cet étrange aréopage, et ils en sont les plus
aimables. On peut toujours s'attendre, chez eux,
à un accueil chaleureux. Les Amazones (de l'île
des Femmes) et les Hommes sans Femmes
(blêmes et austères, de l'île des Hommes) ne se
mêlent pas beaucoup aux autres : ils s'exercent
au sabre et pratiquent leurs duels sur les pistes de
l'est et de l'ouest respectivement. Les Hommes
Nés Avec Des Queues viennent aussi de Marco
Polo. Oh oui, ainsi que leur parenté d'Angaman.
Race innommable, brutale, sauvage d'idolâtres,
ils ont des têtes, des yeux et des dents de chien.

Avant que vous vous moquiez, lecteur,
de la crédulité de notre étudiant géographe
aux cheveux blancs, penché sur sa table,
avec une bougie qui se consume à côté de lui
maintenant et sa plume à l'œuvre dans les
marges de ses livres, ou de sa société de
compères, de ses apostilles, de ses croyances,
rappelez-vous : toutes ces choses étaient
véridiques. Et vous avez, tout comme moi,
grandi dans la peur des redoutables
Anthropophages.

Mais quelle est donc la nature de cette main qui pointe l'index pour avoir ainsi le pouvoir, d'abord de rapprocher à ce point la terre située de l'autre côté de la mer, puis de la bonder, non seulement de richesses, mais de cette étrange compagnie de monstres ? La main qui pointe l'index n'est pas moins réelle que la constellation sous laquelle Colomb, sur le rivage du Nouveau Monde, saluera l'Autre inconnu ; son étoile la plus brillante s'appelle Vœux Pieux, et sous l'influence de cet astre, les humains trouvent ce qu'ils désirent, le monde tel qu'ils le désirent. Il est significatif que ce ne soit pas une main armée ou un poing fermé, ou une main ouverte dans un geste de salutation ; c'est une main qui pointe un doigt, l'index, le doigt qui nomme, décrète, ordonne et gouverne, la main à la volonté de laquelle il faut se soumettre. La main qui pointe l'index est magique : elle a le pouvoir de lévitation, de transformation, de création et d'autocréation, et, hélas, d'assimilation et d'extermination. L'index ne pointe pas l'être cher ou l'ami, mais le voleur parmi nous, le paria, l'étranger. La main qui pointe l'index est le geste ultime du meurtre légal, de l'assassinat, du génocide ; elle dit : « Je nomme, je condamne. » Elle est la grande spoliatrice.

C'est la nuit. Colomb étudie ses livres.
Leur ingénieuse logique le fascine : comment,
sous son regard, ils semblent peupler de
possibilités les confins vides du cœur et combler
ses aspirations solitaires. Puis un bruit dans
la rue comme un bruissement de feuilles
le distrait, et je m'aperçois que j'ai continué trop
longtemps. Il se lève de sa table, mais c'est
une table à Santa Fe et, déjà, on est en 1492.
À la fenêtre, les étoiles dérivent vers l'ouest
et l'Espagne saignée gît sous le scalpel
du chirurgien. Des flots de Juifs, transportant
ce qu'ils peuvent, se bousculent dans les rues
pour gagner les antiques vaisseaux, déjà bondés,
de leur exil.

Suivons-les jusqu'à la mer.

COLOMB RÊVE DU VOYAGE PROCHAIN

Colomb est à Palos de la Frontera, au bout de la
route de Séville. Les navires sont presque prêts.
« Et alors j'ai grimpé sur le château d'avant
et imploré le patron de tous les voyageurs
qu'il bénisse ce projet, et le nom divin de
Notre Seigneur Jésus-Christ afin qu'il daigne,
pour le service de Vos Majestés et Votre Sainte
Entreprise, m'assister et m'aider à sa réalisation.
Et un mousse y réparait l'extrémité effilochée

d'un cordage, et je lui ai demandé de grimper dans la hune, de regarder plus loin que le navire et de me dire ce qu'il voyait. Il a dit : "Je vois le rio Tinto, monsieur, qui coule doucement vers la mer." "Et plus loin ?" ai-je demandé, et il a répondu : "Les herbes qui ondulent dans les marais et la colline de Saltès, monsieur, et plus loin, la croix de la Punta Umbria." "Et plus loin ?" ai-je demandé, et il a répondu, inquiet : "Le désert des flots, aussi loin que mon regard porte, l'océan Occidental comme une plaine blanchissant sous le ciel." Alors je l'ai rappelé et je lui ai dit : "Non, pas le désert des flots, mais le champ infini de la conquête. Regarde ! Vois, là-bas, par-delà l'océan, une chaîne d'îles qui flottent vers le sud et, au nord, un rivage bas qui s'étend, et un promontoire abrupt couvert d'arbres à épices, et qui sent bon, et une colline, et par-delà la colline, une vaste plaine, et sur la plaine, majestueux, l'arbre de la Croix sur laquelle Notre Seigneur est mort. Les Indes, au bout de la mer occidentale."

« Je pouvais constater que je l'avais apaisé, et je l'ai laissé alors retourner à son travail et suis, moi-même, descendu dans ma cabine. Le soleil oblique de l'après-midi tombait par le hublot et éclairait mes mains et, dans mes mains, le journal que j'entreprends aujourd'hui, compte-rendu

scrupuleux qui consignera tout ce voyage, jour
après jour, tout ce que je verrai et vivrai.

La cabine était chaude et assoupie, et pendant
que je travaillais, des pensées me vinrent, comme
en rêve. Toutes les choses étaient telles qu'elles
étaient, mais transformées. Je quittais un endroit
pour en découvrir un autre, ce que je ferai
demain. Pendant toute la durée de mes voyages,
mes yeux sont clos, comme ils le seront par
les brouillards et les paupières lourdes de
l'horizon de la mer. Quand finalement j'arrive
à destination, la vision qui s'offre à mon regard
est, étrangement, celle de cet endroit, Palos.
C'est le soir ou le matin, et le soleil couchant
ou levant embrase les maisons. Une foule,
rassemblée sur le quai, nous fait des gestes de
bienvenue ou d'adieu, je ne saurais le préciser,
parce qu'instantanément la vision s'estompe,
comme si la flamme d'une bougie avait vacillé et
s'était éteinte. Alors la mer est vide et l'horizon
de nouveau ininterrompu. Il semble aussi que
mon navire soit devenu de pierre. Je me rends
compte que je pleure et que le flot de sang qui
se déverse du pont du navire de pierre dans
la mer infinie est celui de mes larmes.

Ces pensées formaient comme un cercle, même
si je naviguais en ligne droite, et dans mon cœur
je sentais grossir le O du vide comme si la Terre

sur laquelle je voyageais était la terre
des absences et que je me retrouvais sans rien.
Et c'est pour cela que j'ai peur de dormir ;
ce vide, jusqu'à ce que chaque nouveau jour
éclose, me consume. Maintenant, face à l'ouest
sur ce rivage espagnol, je me demande vers quoi
je me suis mis en route depuis si longtemps. »

LE LABYRINTHE DU DÉSIR

Le fleuve est toujours lourd de nuit, et lent.
Il est une demi-heure avant le lever du jour.
Pâle dans les premières lueurs, le croissant de
la lune escalade le ciel occidental. Les lourdes
cordes des amarres glissent des proues et, après
un moment, le courant nous emporte. Les rives
sont humides de rosée et l'aube grise éclaire
les marais. En chemin vers la mer, un pêcheur
nous salue. Nous le dépassons comme des
fantômes, assez près pour lui parler sans élever
la voix, mais personne ne trouve rien à dire
ni à penser. Il lance, dans notre sillage hébété,
son beau filet aux lisières lestées de cailloux.
Le filet étincelle, fugace éclair, cercle noir sur
l'eau. Puis le mousse chante.

Bendita sea la luz
Y la Santo Veracruz
Y el Señor de la Verdad
Y la Santo Trinidad
bendita sea el alma
Y el Señor que nos la munda ;
bendito sea el dia
Y el Señor que nos lo envia

Vers huit heures, profitant de la marée,
nous franchissons la barre de Saltès et mettons
le cap au large.

Et voyez-les maintenant. Ils avancent par un fort
vent de la mer, de nouveaux gréements sont
serrés et resserrés, les collines sombrent derrière
eux. Ils font escale aux Canaries et appareillent
de nouveau, pour mettre la voile cette fois vers
l'horizon seulement. Mais disons, disons que
les sceptiques avaient raison depuis le début
et qu'il n'y avait pas, devant eux, de mer réelle,
élémentale, mais juste, après deux, peut-être
trois jours de route franc ouest, le seuil de leur
compréhension. Et par-delà, malgré la fuite
familière des jours et des nuits, et le cours
des étoiles, disons qu'ils s'aventurent sur la mer
de l'Allégorie. Devant eux, le croissant de la lune
oscille vers le bas du ciel occidental, et sa chaste

déesse de la chasse, la romaine Diane, avec son
arc et son carquois d'afflictions, marche à côté
du navire et en tient une pantoire dans la main.
Neptune, debout sur un coquillage botticellien,
avec son trident et sa trinité de chevaux,
les accompagne par bâbord et poursuit
ses reconnaissances. Ce territoire, après tout,
est nouveau pour lui aussi. Au loin, est-ce que ce
sont des îles ou l'image déformée de nuages qui
dérivent sur l'horizon ? Les paysages marins ne
sont souvent que leurres de la lumière, si près de
l'énorme lentille déformante du ventre bombé
de l'océan. Sauf que, oui, elles apparaissent
de nouveau, à peine visibles sur l'oriflamme,
et son blason, qui tournoie en haut du mât.
À sénestre : cinq ancres et le lion rampant de
León ; à dextre : le château de Castille et des îles
surgies sur la mer. Que le navire soit armé et
ses bombardes prêtes à ouvrir le feu n'est pas
étonnant : les flots sont gravides de monstres ;
et, sur le pont, il y a un rouleau de cordage pour
capturer et ramener les prises. À l'extérieur près
du bastingage, à bâbord, deux robustes tritons
font sonner leurs conques, tandis que, dans
la vague à tribord, deux sirènes laissent planer
la promesse d'un chant. Colomb lui-même
est debout au centre du navire, avec toutes
ses armes, démesuré. Une main sur son épée,

il tient dans l'autre la hampe d'une bannière
chrétienne. Il regarde vers l'ouest. Est-ce que ce
sont ces îles qui captent son regard ou les sirènes
qui chantent, ou l'étendard de la Croix
obscurcissant tout ? Il semble distant.
Dédaigne-t-il, lui qui vogue dans l'histoire,
l'amène postérité de son legs mythique au point
de le laisser dans son sillage ? Nous l'avons déjà
vu dans cet état, le regard fixe et assuré.
Sa certitude. Et qu'est-ce que c'est, là-bas,
à l'avant ? En équilibre instable sur le beaupré,
la colombe ardente, ailes déployées, exprime
avec clarté la lettre de bois de la Croix et
se prépare à prendre son envol.

Ce que cette image ne donne pas à voir, c'est
la ronde des gigantesques courants, la respiration
de la baleine, la manière qu'elle a de tourner et
de tourner sur soi, la grande sérénité des océans
autour des continents. Les plumes du corail
le sentent, les bancs de sable l'esquissent,
le bouillonnement et les dragues des marées
le connaissent, mais vous ne le voyez pas ici.
Et vous ne voyez pas non plus que la terre est
ronde, sphéricité rendue surprenante par le bon
travail du timonier, la coque lourdement
chargée, la magnétite, les aiguilles génoises qui
oscillent sur leurs pivots, la ligne droite et fine
(le tracé du cours est fidèle) qui s'allonge vers

l'ouest, divise et ne tourne jamais sur soi,
mais toujours se dirige vers l'ouest.

Et vous ne trouverez pas ici non plus aucun
des objets fétiches de l'exploration, aucun
instrument d'observation ou de mesure.
Le navire est mal équipé, les îles sont floues
et lointaines. Il est nu dans son armure,
le Découvreur. Où pense-t-il qu'il va ?

L'OUEST

La route vers l'ouest est la route vers l'est.
Le chemin du départ est celui de l'arrivée.
À cinq, peut-être six milles romains à l'heure,
la ligne de loch, et ses nœuds, se dévide jusqu'au
centre du labyrinthe du désir. Le cœur est
impatient, il est violent, il est vide. Les vents
ont tourné et le poussent, sans qu'il ait à faire
d'efforts, de l'avant.

POURQUOI LES MARINS SONT
PRÊTS À CROIRE N'IMPORTE QUOI

andando más, más se sabe
CHRISTOPHE COLOMB

Si vous aviez gravi la colline derrière la ville, vous
les auriez vus : trois navires traînant à l'horizon,
voiles ballantes, gîtant sans conviction au passage
d'une grosse vague. Et si le lendemain matin,
dimanche, vous aviez dû livrer quelque chose
et aviez repris ce même chemin sur la colline,
il est possible que vous vous soyez arrêtée un
moment pour reprendre votre souffle. Vous
portez la laine que vous avez filée au tisserand
de l'autre vallée. Votre fardeau est lourd et vous
vous en déchargez pour vous reposer. Et quand
vous levez les yeux du sentier rocailleux et
regardez la mer, vous dites : « Ah, ils sont donc
partis maintenant. » Mais où sont-ils partis ?
Pas plus qu'eux-mêmes, vous ne pouvez
l'imaginer. Les timoniers n'ont pas bien tenu
la barre, le jeu des courants est inconnu,
la logique des étoiles et de la rose des vents qui
fleurit sous le regard du navigateur reste obscure.

Avec chaque jour qui passe, on ne peut en dire
que de moins en moins de l'endroit où ils sont,
toujours de plus en plus loin du seul point fixe,
le sol de la montagne sous vos pieds, vers lequel
vous vous penchez maintenant pour reprendre
votre fardeau et poursuivre votre chemin.

Quand le vent se lève, il souffle du nord-est
et c'est la nuit. Il est vif, mais doux et pousse
le cœur à battre, à pomper et à propulser
le sang ; le vent vient du pays et, même quand
le sillage se construit sous l'étrave et s'élargit
à l'arrière, il porte sur ses ailes les formes
du familier. Tous les départs se ressemblent.
Il y a cette vague singulière : elle est la première
vague et aussi la dernière que vous remarquez,
la première légère ascension, suivie de la chute
de la coque sombre sous vos pieds. Et avec elle
soudain le monde vous déserte doucement,
comme s'éteint une parole que vous avez dite.
Quelles qu'aient été vos raisons de vous mettre
en route, une légèreté et une solitude vous
étreignent le cœur. À partir de maintenant
les seuls rythmes sont ceux de la mer et la seule
voix, l'insignifiante incantation des vagues.
Vous n'accumulez partout que les distances ;
l'éloignement des étoiles n'est là que pour vous
rappeler les insondables profondeurs sur
lesquelles glisse la quille étroite et chaque matin

découvre autour de vous l'horizon perpétuel.
Après quelques jours, vous commencez à oublier.
Vous oubliez ce qui vous a conduit ici,
vous oubliez de vous demander où vous êtes,
vous oubliez où vous allez. Le navire charrie avec
lui son propre sens : les changements de quart ;
le travail aux pompes et aux voiles ; les repas,
pris autour du brasero au centre du bateau,
le dos contre le bastingage ou les gréements ;
les conversations. Mais tout cela, chaque
mouvement, chaque geste se mesure par
opposition au rythme des vagues, que vous venez
à oublier aussi, de manière si parfaite qu'elles
finissent par habiter vos rêves et que vous vous
mettez à rêver sans cesse et sans cesse toujours
le même rêve.

Les eaux scintillantes gazouillent à l'avant et,
à l'abri du vent, le soleil est chaud et porte à
s'assoupir. Il y a le clapotis léger de la mer et
le grincement rythmique des espars, et quelque
part au-dessus des têtes l'irrégulier tambourin
d'une oriflamme contre le coton tendu
des voiles. L'équipage s'affaire au bastingage
du côté du vent ; deux cordes ondulent du pont
du navire et leurs grappins s'enfoncent
profondément dans les flancs d'un énorme tronc
de bois qui se prélasse dans l'eau, à moitié
immergé, couvert de sa barbe d'algues.

Les marins l'attrapent et leurs crochets de fer
y restent solidement accrochés, même quand
le navire roule sous le vent. Au second roulis,
le grand arbre tourne sur lui-même et se secoue
de ses grappins. Puis il est hors d'atteinte à
l'arrière. Sa tête s'élève une fois au-dessus
des sargasses et coule de nouveau. Loin dans
le sillage du navire, vous voyez les vagues, que
sa présence agresse, se briser au-dessus de lui.

Le vieux Mayorquin attend la nuit pour
commencer : *Aixo era y no era...* mais tout
le monde sait déjà qu'un gigantesque serpent
de mer est venu et les a attaqués ; qu'il a fini
par se libérer des douloureux harpons et s'est
esquivé par l'arrière ; qu'il a frappé le gouvernail
d'un tel coup de queue que le timonier a été
projeté sur le pont – et regardez : il porte
les contusions qui en attestent. Et qu'ensuite
le monstre a levé sa tête barbue une ou deux fois
et a fait bouillonner l'océan, puis a disparu.
Ils savent que c'était et que ce n'était pas comme
ça, parce qu'ils savent qu'en mer les choses ne
sont jamais que ce qu'elles paraissent. Voilà
pourquoi les marins sont prêts à croire n'importe
quoi.

Le lendemain matin, ils se rendent compte
qu'ils sont nerveux et vigilants. Toute la nuit,
ils ont écouté les bruissements du sillage et

ils s'attendent aujourd'hui à ce que quelque
chose se produise. Tout le monde attend. Tout
le monde observe la mer et y cherche des signes.
Qu'y trouvent-ils ? Ils trouvent que la boussole
n'est pas fidèle ; ils trouvent un grand feu qui
tombe du ciel ; ils trouvent des dauphins ;
ils trouvent des nuages noirs comme des îles,
au nord et au sud ; ils trouvent la mer coagulée
d'algues ; ils trouvent une baleine ; ils trouvent
un vent contraire ; ils trouvent plusieurs fois
qu'ils se sont mépris quand ils ont pensé avoir
repéré la terre ; ils trouvent des oiseaux, ou
les oiseaux les trouvent : des oiseaux terrestres,
des oiseaux marins, des oiseaux chanteurs,
des oiseaux blancs, des oiseaux aux couleurs
vives, des oiseaux avec de longues queues,
des oiseaux qui ne se posent pas sur l'eau,
des oiseaux qui ne s'éloignent jamais des rivages ;
ils trouvent un roseau vert, un bâton sculpté et
une branche lourde de baies ; et ils trouvent
une petite lumière qui vacille et s'éteint.

Suivons-les et, depuis le poste d'observation
privilégié de notre propre vaisseau,
ce monument, le navire de pierre qui flotte dans
le cours du temps, depuis ses ponts et ses hautes
fenêtres, observons leur errance. Nous nous
plaçons silencieusement à côté d'eux
maintenant, à l'abri du vent, et entreprenons

avec eux leur route vers l'ouest. C'est le soir.
Les trois navires filent vent en poupe, Colomb
est debout sur le château d'arrière.

Sa main gauche, posée sur un habitacle bas
devant lui, suit le mouvement du navire.
Sa droite, il la tient raide au bout de son bras
tendu, paume à plat contre le ciel septentrional
et sa constellation, une seconde en suspens dans
la ronde des étoiles qui apparaissent, pâles,
dans le crépuscule qui croît. Sa paume mesure
la lacune noire de la nuit et, en équilibre
à l'exacte pointe de son index, il y a, scintillant
avec de plus en plus d'éclat, Polaris, l'étoile
Polaire, le nord immobile, l'étoile qui ne ment
pas. Mais quand il rabaisse lentement la main,
qu'elle glisse du ciel s'obscurcissant jusqu'à
la vitre de la boussole où elle se pose comme
une ombre, il sent, dans ses doigts,
un picotement de panique qui lui traverse
la paume et s'entortille autour de son poignet.
L'extrémité aimantée, ornementée de l'aiguille
ne pointe pas le nord, mais un peu à côté,

46

la périphérie du nord. Il répète la procédure.
Pour prendre le nord et le marquer, trouvez
d'abord l'étoile du Nord. Tenez le bras droit
tendu devant vous, avec la paume de votre main
tournée vers l'extérieur. Placez l'index juste sous
l'étoile. Abaissez ensuite la main sans à-coups
jusqu'à la vitre de la boussole. L'axe de l'aiguille
doit correspondre à celui de la première
articulation de l'index. De nouveau, la boussole
ne pointe pas vrai et, cette fois, Colomb constate
que l'aiguille, en équilibre fragile sur son pivot,
est déviée vers le sud, qu'elle pointe, non pas
directement sur lui, mais oblique vers lui debout,
là, dans son petit vaisseau sur une mer étrange,
alors qu'autour de lui la nuit descend, vêtue de
son précieux manteau des plus lointaines étoiles.

Une seule ancre rattache un bateau qui
navigue au reste du monde : sa direction. Après
avoir pris de l'erre au premier promontoire
après son point de départ, son cours se déroule
et se raidit le long des tracés déterminés de port
en port. Cette fois, la boussole ne varie que de
quelques degrés, mais cet écart brise la confiance
du navigateur, et il remet en doute les lois qui
les ont amenés en haute mer, jusqu'ici, et qui
ont été conçues pour les ramener. Maintenant,
chaque pouce de l'océan qui défile sous
les minces planches de la coque les emporte plus

loin dans un monde qu'ils ne comprennent pas.
La nuit soudain s'emplit de voix et ils sentent
qui les frôle l'ombre d'une invisible présence
laissant, inscrits dans la magnétite, des messages
qu'ils sont incapables de déchiffrer. Cette nuit
tout le monde fait le même rêve. Dans ce rêve,
tout est exactement identique à ce qui nous
entoure, la même mer, le même ciel, les mêmes
navires, deux qui vont côte à côte et un autre
devant par tribord. Tout est pareil, même le bruit
de l'oriflamme qui racle le hunier, tout, sauf
qu'il n'y a pas, quand, dans leur rêve, le jour
se lève, d'horizon.

VENDREDI 14 SEPTEMBRE
*Ils voient des sternes et un paille-en-queue, et ce sont
des oiseaux, disent-ils, qui ne sauraient s'éloigner
de la terre plus de vingt-cinq lieues.*

Quand nous nous réveillons, c'est une nouvelle
mer, toujours vide, à part les oiseaux. Ils volent
entre les trois navires et le nôtre : un paille-en-
queue, plus haut que la mâture, navigue à
l'aviron sur le vent, blanc, avec une queue
longue comme un roseau, et quelques sternes
encapuchonnées de noir volent vers l'ouest.

Regardez ces sternes, l'orange de leurs becs qui
enfilent les vagues bleues. Mais, déjà, ils sont
le signe d'autre chose, transparents émissaires
d'un pays sans nom, distant d'un jour de voile
à peine. C'est, bien sûr, une erreur : ce sont
les hommes, pas les oiseaux, qui ne sont jamais
venus si loin.

Une merveilleuse branche de feu tombe du ciel
et s'enfonce dans la mer non loin des navires.

Ils attendent donc, immobiles comme de
gauches oiseaux dans les gréements et à la proue,
sur le gaillard d'arrière et à la barre, l'apparition
du prochain signe. Nous sommes, vous et moi,
debout à tribord, au bastingage du bateau de
pierre. Nous regardons les trois navires qui vont
au vent et traînent leur sillage blanc derrière
eux sous la coupole du ciel nocturne, les formes
sombres de leurs voiles, les coques noires
découpées dans son tissu étoilé. Cette nuit,
ils filent à vive allure, bonnette sur bonnette,
toutes voiles dehors et les livardes battantes.
La mer suivante est facile et la nuit semble calme.
Vous tournez le dos au bastingage pour allumer

une cigarette, puis vous vous retournez de
nouveau et vous vous accoudez à côté de moi
dans le vent chaud. Nous l'attendons, bien sûr,
mais quand même, juste alors, quand les trois
navires s'illuminent comme ça, comme une
prémonition, l'événement nous surprend.
Tout le réseau de leurs gréements et de leurs
mâtures, les coques noires, les voiles indistinctes
sont inondés soudain de lumière dorée, et
ils paraissent en flammes et semblent projetés
violemment dans les airs, et l'ombre des espars
et des châteaux de notre propre bateau se
dessine sur le miroitement des flots devant nous.
Nous nous tournons avec les autres et voyons
au sud-est une grande branche de feu tomber
dans la mer pas très loin de nous.

Sur les trois navires, ils sont tous d'accord :
c'est un bon signe, ce vaisseau de feu avec son
lent sillage, dont le cours s'est arqué au-dessus
d'eux (et au-dessus de nous, et de notre bateau
de fumée et de cendres) et est resté pendant
un moment comme suspendu au dôme du ciel.

« Étrange, que personne ne semble effrayé »,
dites-vous, en regardant de nouveau de l'autre
côté de l'eau leurs visages toujours tournés vers
la lumière qui s'éteint.

Mais dans l'orbe clos de notre regard, monde
dont la voûte n'est plus d'obscurité seule

maintenant, mais aussi de flammes, la douceur
n'a pas quitté la nuit. La branche de feu est plus
stupéfiante que je l'avais imaginé. Mais nous
vivons, dans ce silence, en bon voisinage avec
elle et avec les étoiles qui ne sont pas éteintes
et les eaux obscures qui les étreignent.

Vous me laissez là, mon vieux, au bastingage,
tentant de repérer dans le noir plus profond
que le vent apporte, les traces des nuages
de pluie du lendemain qui déjà s'allongent
au-dessus de nous et des petits navires, devenus
chacun maintenant, et nous aussi quelque part
parmi eux, comme un point lumineux distant.

LUNDI 17 SEPTEMBRE
Ils voient des dauphins.

Nous les apercevons d'abord de loin.
En quelques minutes, ils croisent la trajectoire
des trois navires et dévient de leur route pour
jouer sous les proues et les conduire. De jour,
rapides comme des ombres, ils minent, la nuit,
les veines vivantes de la lumière sous les vagues
d'étrave et mettent le feu aux eaux noires loin
sous les coques. Dauphin : Delphinus delphis,
mammifère marin, utérus, dont la constellation

file à toute vitesse vers l'ouest avec, dans
son sillage étoilé, Pégase, l'Aigle et la Flèche.

MARDI 18 SEPTEMBRE

Des nuages très denses se forment du côté nord, ce qui
est un signe évident de la proximité de la terre.

Et vers le sud aussi, il y a les fantômes des îles
au large desquelles nous naviguons – à tribord,
Antilia au dos noir, l'île des Sept Cités : Aray,
Ary, Vra, Jaysos, Marnlio, Ansuly, Cyodne ; et,
à bâbord, les îles Fortunées de saint Brendan :
l'île des corbeaux, des lièvres, des colombes, l'île
des chèvres, Le Loup, San Zorzo, Ventura et l'île
Brasil.

Écoutez-les : Ante-illia, l'île qui est Nulle Part,
mais Ailleurs ; et, dans l'autre direction, les îles
bénies du doux saint Brendan. Toutes sont
familières, toutes sont des bénédictions de
la terre. Les marins imaginent d'onduleuses
collines déchirant la mer d'algues qui
les entoure, des terres couvertes de forêts,
des champs de fleurs, l'odorant églantier et
l'harmonieux pied-d'alouette. Ils laissent, sur
ces doux rivages, leurs espoirs prendre de
l'altitude et ils y rendent grâce. Dans leurs cœurs,

le feu de joie de la fête brûle déjà sur la terre.
Mais les îles imaginées coulent, comme sous
le poids de leur désir, et s'éloignent doucement,
et l'horizon vide s'ouvre une fois de plus autour
d'eux. Colomb ne virera ni vers le nord ni vers le
sud. Il s'en tient à sa course vers l'ouest.

Doute-t-il de la présence de ces îles à
quelques lieues de distance ? Pas du tout. Dans
son esprit, le sillage s'élargissant des trois navires
les effleure. Il les a attendues depuis le début du
voyage. Elles figurent sur la carte et sur le globe
de Behaim, et ce que Behaim et les cartographes
proposent, Colomb le connaît. C'est sa grande
force : il prend l'imagination au pied de la lettre.

La carte de Colomb est simple, mais
la lecture des cartes est un art qui exige de
la prudence. Même les cartes des mondes
familiers ne sont pas faciles à interpréter.
Les choses n'apparaissent pas sous leurs vraies
formes : elles sont traduites en un code
d'élévations et de contours schématiques,
transformées en ésotériques symboles et
dessinées du dessus. Ce que le navigateur voit,
à la fois sur la carte et autour de lui, est une
distorsion circonspecte. Il braque son regard
anxieux sur l'ombre indistincte d'une terre –
continent, île, falaise ou plage – et oriente
sa carte pour qu'elle y corresponde. Les bons

navigateurs doutent toujours, non de la présence
des choses, mais de ce qu'ils voient et
comprennent. Les bons navigateurs sont toujours
perdus. Mais Colomb est un visionnaire et
les visionnaires ne sont pas de bons navigateurs.
Ils habitent un monde beaucoup plus simple :
celui de ce qu'ils connaissent simplement.
Les navires poursuivent donc leur route, sans se
rendre compte des absences, au nord et au sud,
qu'ils frôlent et dépassent. Les îles ne sont pas là,
même si les nuages attestent de leur présence.
Tout, sauf la mer elle-même et l'ardent désir du
navigateur, n'est qu'illusion.

JEUDI 20 SEPTEMBRE

*Deux ou trois petits oiseaux de terre s'approchent
du navire en chantant.*

VENDREDI 21 SEPTEMBRE

*À l'aube, ils trouvent une telle quantité d'herbe sur
la mer qu'elle en semble caillée. Ils voient une baleine.*

Au début, les marins sont ravis : le jour foisonne de
possibilités. Tout indique : « La terre est proche. »

Mais la mer commande qu'on la regarde.
Ils y trouvent d'abord de l'espoir, puis sous leur
espoir, comme un luisant palimpseste, ils lisent
le désespoir. Ils mouillent la ligne de sonde et à
deux cents brasses, toute la longueur de corde
dont ils disposent : pas de fond. (Le plomb ne
toucherait pas non plus le fond à deux mille
brasses.) Cette prise de conscience les envahit
comme un froid qui monte de la plante
des pieds. Elle serpente dans leurs corps,
s'installe derrière leurs yeux et contemple
l'extérieur, et maintenant l'emmêlement
des algues semble les retenir.

C'est une soudaine claustrophobie causée
par le crampon des sargasses peut-être,
ou peut-être quelque morbide spéculation
concernant la baleine qui déclenche le malaise.
Colomb chancelle sur le pont. Il est debout dans
l'air vif et clair de l'après-midi, mais se sent
confiné et il étouffe, comme s'il était enfermé
dans un cercueil jeté au fond de la cale froide et
humide du bateau qui roule. Sa vue s'embrouille.
Il a la langue épaisse et lourde. Il sent, autour de
lui, d'oppressantes présences, des formes noires
qui s'accroupissent, s'étendent, s'asseyent ; elles
s'appuient et s'accrochent, effacées à demi dans
la cireuse et faible clarté. Il tombe contre
le gréement. Après un moment, les vertiges

passent et quand il lève les yeux l'eau est toujours lisse et dégagée où la baleine s'est frayé un passage dans les mornes sargasses et a plongé.

Toute cette nuit-là, les marins observent les feux Saint-Elme qui les rattrapent et défilent sous le vent, chargés de nuit, leur noir charroi, et nous les observons avec eux. Et, endormis près de la coque, ils entendent le murmure des algues le long des flancs du navire. Certains pensent que ce sont des chants lointains d'oiseaux qu'ils entendent, d'autres que ce sont les voix de leurs pères noyés, d'autres encore que les enfants de l'Atlantide les appellent quand ils passent au-dessus d'eux. Les baleines appellent, c'est vrai. Mais ce n'est pas eux qu'elles appellent.

SAMEDI 22 SEPTEMBRE
Le vent souffle de l'ouest et leur est contraire
pour la première fois.

Les marins imaginent de plus en plus que même leurs compagnons sur le navire ne les entendent plus quand ils parlent, que leurs mots sont emportés et rejetés des mois plus tard sur un rivage étranger, fouetté par le vent d'est. Même quand ils rêvent au pays, ils se déplacent

à travers des rues et des chambres familières,
incapables de parler ou de crier quoi que ce soit
à ceux qui les entourent, leurs mots étranglés
par les terribles lointains qu'ils ont parcourus.
Chaque matin est superbe, peut-être quelques
nuages en fin de journée, peut-être une pluie
légère, et chaque jour il y a cette brise d'est,
douce et constante, qui murmure, dans
le journal de bord, de fantastiques distances ;
les gros ventres des coques trapues descendent
en glissant les versants abrupts de la mer
suivante. Mais à mesure que le poids des jours
s'accumule sur leurs épaules, ils perçoivent
quelque chose d'âcre et d'aigre dans l'air.
À peine perceptible au début, la chose
tourmente le fil d'Ariane dévidé de leur
inquiétude et ils sentent, derrière eux, ce fil
se tendre, prêt à se rompre après les lieues et
les lieues qu'ils ont naviguées. Ils identifient alors
la chose : l'odeur d'un navire sur le chemin
du retour, avec son équipage au regard fixe,
au visage émacié, les voiles arrachées, les ponts
ouverts dans la chaleur, les barils percés, les cales
pleines à ras bords après d'épuisants mois en
mer, et le vent toujours contraire.

Les navires gréés de voiles carrées ne vont
que dans une seule direction : ils vont le vent en
poupe, inexorablement. Aussi quand le vent,

pendant un jour ou deux, souffle de l'ouest sur une mer qui s'enfle, il ralentit leur progression, mais leur apporte un réconfort plus grand que n'importe quel signe de terre.

« Ainsi, très nécessaire me fut la grosse mer, et jamais ne l'apparut tant, sauf aux âges des Juifs, quand ils sortirent d'Égypte avec Moïse qui les tirait de captivité », écrit Colomb dans son journal. Il exagère, mais semble soulagé.

Les oriflammes pointent bientôt de nouveau vers l'ouest et de nouveau les vagues se séparent aux proues et clapotent le long des flancs des navires – et le cours promis redevient réel.

DIMANCHE 23 SEPTEMBRE

Ils voient une tourterelle, un albatros, ainsi qu'un autre petit oiseau de rivière et d'autres oiseaux blancs.

MARDI 25 SEPTEMBRE

Le capitaine d'une des caravelles voit la terre.
Les marins sur les trois navires montent sur le mât de hune et aux cordages et tous confirment que c'est la terre...

Mais ce ne l'est pas.

Le désir, comme il envahit et corrompt l'art
du navigateur ! Demain après-midi, les marins
iront y nager, dans cette chimère, ce leurre
de l'ombre et de la lumière, cette terre.
Et ils plongeront des hauts bastingages et
des cordages, s'élanceront, gracieux et cambrés,
des flancs du navire, s'enfonceront
profondément sous l'eau et referont surface,
indemnes et blancs, sur la mer autour de nous,
oublieuse et lisse comme une rivière.
Ils laisseront leurs membres blancs sauter
des coques noires dans le gonflement et
l'abaissement de la vague et y resteront, bras
étendus, à flotter, maintenus par l'invisible
courant des milles au-dessus du fond de l'océan.

Colomb récupère sa carte du capitaine de la
caravelle et y apporte les corrections requises,
pas à la carte, mais au monde dans lequel il
navigue. La mer le permet, elle y invite même.

VENDREDI 28 SEPTEMBRE
Ils pêchent deux dorades.

Et tu as, toi aussi, mon vieux, apporté ton sac
d'hameçons et de cannes, et laissé ta turlutte
lestée s'enfoncer dans l'ombre du bateau de

pierre. Son leurre brillant miroite de moins
en moins distinctement à mesure qu'il s'enfonce
et voyage dans les régions superposées de la mer.
Après que tu sois resté assis là un moment à
taquiner le poisson, la ligne tressaille comme
un nerf et le frisson remonte jusqu'à la synapse
de ta main tendue au-dessus de l'eau, et je me
rends compte que tu comprends quelque chose.
Tu es soudain la racine à laquelle nous sommes
enracinés, ce navire qui tangue, sa voilure et
ses cordages, moi-même, les incommensurables
distances qui nous entourent, tout est soudain
cloué sur place par les trilles du fil qui descend
dans le noir de l'eau. Qu'espérais-tu pêcher ?
Je me le demande.

SAMEDI 29 SEPTEMBRE

Ils voient trois albatros et une frégate.

LUNDI 1ER OCTOBRE

Ils subissent une grosse averse.

Les grains ont commencé le matin ; nous
les regardons approcher, s'élever sur leurs ailes
noires du bord de l'horizon. Les hampes

obliques de la pluie s'accumulent autour
de nous jusqu'à ce que tout le cercle de notre
regard soit un temple entouré de colonnes.
Les trois navires apparaissent et disparaissent
tout le jour entre les mouvants piliers.
Vers le soir, une brèche dans les nuages laisse
descendre aussi des hampes de lumière.
Nous y faufilons notre cours.

JEUDI 4 OCTOBRE

*Plus de quarante pétrels viennent se poser sur le navire
d'un coup, ainsi que deux albatros, et un des mousses
de la caravelle en touche un d'un coup de pierre.
Une frégate se pose aussi, ainsi qu'un oiseau blanc
qui ressemble à une mouette.*

MARDI 9 OCTOBRE

Toute la nuit, ils entendent passer les oiseaux.

Il dort rarement la nuit, Colomb. La nuit est trop
abrupte. Elle ne cesse de s'ouvrir sur des ombres
d'îles et sur des continents fantômes. Il fait
parfois un somme pendant le jour, après que
le fiable O de l'horizon se soit solidifié autour
d'eux dans la lumière du matin, et il s'allonge

souvent pendant une heure sur sa couchette
le soir pour se reposer les yeux. Il y est à présent.

Toute la nuit, au-dessus des craquements
familiers du bateau, du marmonnement des
vagues, des ordres de l'officier murmurés
à l'homme de barre, ils entendent passer des
oiseaux. Les volées se succèdent et les survolent,
et se dirigent toutes vers le sud-ouest. Dans
le noir, leurs ailes touchent les voiles et frôlent
en passant les cordages. La vigie en haut du mât
sent leur poids quand ils s'élèvent au-dessus de
lui et, en bas dans sa cabine, Colomb les entend,
réguliers comme des battements de cœur.
Ils l'induisent au sommeil et dans son sommeil
il les suit. Il rêve qu'il accoste un rivage boisé.
Il est soudain tombé dessus pendant un grain et
en aperçoit peut-être un mille étendu devant lui.
Il pense l'avoir vu sur sa carte et pense
le reconnaître ; la côte, à tout le moins,
se fracture en criques, en baies, en îles, ou
c'est peut-être le début de la longue courbe
d'un continent : la côte de Ciamba ? de Moabar ?
Mais c'est la côte des Contradictions dont il rêve.
Il se met en route et fait voile vers le sud le long
de son long rivage bas et, dans le crépuscule,
perd la ligne noire des arbres. Les courants
puissants et froids d'un immense fleuve dans les
eaux duquel il détecte une pureté surnaturelle

l'emportent au large. Toute la nuit, il louvoie et
court des bordées sur la mer déchaînée, vent
debout, vent arrière, vent debout, vent arrière,
jusqu'à ce que se profile soudain, surgi de
l'obscurité, à une centaine de verges, la forme
indistincte d'un cap escarpé. À l'aube, il a
l'intuition qu'il existe un lien entre les terres
aperçues de son navire, et ce lien, il le dessine
sur sa carte fragmentaire. Mais il double l'allure
et revient sur ses pas dans la lumière du jour –
une baie aveugle derrière l'impénétrable mur
de palmiers qui bordent la plage lui a peut-être
échappé, ou un étroit chenal oblique qui
débouche sur un port dans lequel tous les navires
du monde pourraient tenir. Puis il remarque
qu'il y a des gens debout sous les arbres,
des centaines de gens, nus, parfaitement
immobiles et droits, qui lui tournent le dos,
regardent le bleu sombre de la forêt. Eux aussi
font face à l'ouest. Mais leurs regards y plongent.

Colomb essaie de voir plus loin que ces gens
et plus loin que le rideau des arbres.
Il se rapproche du rivage et aussitôt son navire,
sa si solide caraque, et ses compagnons qui, avec
des voix aiguës d'enfant, avaient chanté mutent.
Le navire prend l'eau de toutes parts et coule,
et le chant des enfants n'est plus qu'une morne
percussion d'ossements. Ils tombent et

s'entrechoquent, os contre os, dans la cale du
bateau. Colomb est seul maintenant. Le navire
s'immobilise comme une pierre sur le fond
sableux d'une baie peu profonde, couchée dans
le croissant d'une plage blanche qu'il ne peut
ni atteindre ni franchir. Plus loin que la plage,
les palmiers agitent les plumes de leurs branches
pour le saluer ou, pour le menacer, les plumes
de leurs sagaies, il ne peut pas le préciser. Des
gens sortent du noir de la forêt pour lui donner
des choses – ils nagent à gestes longs et sûrs et lui
apportent de la nourriture pour qu'il mange et
de l'eau dans des gourdes pour qu'il boive.
Ils viennent parfois à l'orée des arbres, poussent
des cris aigus et pointent leurs arcs sur le navire.
Les fléchettes de bois cliquètent, inoffensives,
autour de lui, contre les mâts et les cordages.
Ils viennent parfois et semblent lui faire signe,
et crient de les suivre, de les suivre dans la forêt.
Au début, les étoiles tournoient follement sur
elles-mêmes dans le ciel de la nuit, et tout le jour
il écoute le clapotis, dépourvu de sens,
des vagues sur la rive. Il pense petit à petit,
dans sa solitude, en saisir la signification et celle
des étoiles, des courants, de la grève blanche,
et croit qu'il n'est pas étranger ici, sur ce littoral.
Une voix du fond de son sommeil ne cesse de lui
répéter : non, non, tu ne comprends pas, tu es

perdu. Et c'est le bruit des oiseaux qui les
survolent, charriant avec eux sous leurs ailes
tendues leur unique et perpétuel foyer.
Ils le conduisent vers le réveil et, au point du
jour, il change de cap pour les suivre.

JEUDI 11 OCTOBRE

Ils se plaignent de la longueur du voyage.
Puis ils voient passer un jonc vert près du navire
et remontent à bord un bâton sculpté, un bout de roseau
et une petite planche. Ils voient aussi une branche d'arbre
à épines pleine de fruits vermeils.

Quand vient le matin et que l'horizon qui
nous entoure dessine toujours une ligne
ininterrompue, les marins sur les trois navires
ne le supportent plus. Chaque indice qu'ils ont
trouvé le long de la route semblait indiquer
la proximité de la terre ; ils ont maintenant
le sentiment que c'étaient des signes d'autre
chose – le mât, couvert de barbe par les mois,
peut-être les années, passés en mer. Mais le bâton
a été travaillé, c'est évident, avec des outils en fer,
et la branche est toujours verte et lourde de ses
baies rouges, et les volées d'oiseaux se dirigent
vers l'ouest.

Vers dix heures du soir, l'amiral
voit une faible lumière, comme une petite chandelle de cire
qui s'élève et s'abaisse.

Et c'est à la périphérie sensible du regard,
où se capte même la plus fugace lueur. Quand
nous nous tournons pour la regarder, elle a
disparu. La lumière est le dernier signe, mais
cette lumière, pas plus qu'aucun des autres
signes, ne peut être cartographiée, et même ici
dans les derniers moments de la traversée, nous
ne sommes capables que d'émettre de vagues
généralités sur la mer et sur l'endroit où nous
sommes. Mais servons-nous de cette vacillante
chandelle un instant pour regarder devant nous
ce qui nous attend. Dans quelques heures,
la chaste lune, dans notre dos, se lèvera et
éclairera une falaise blanche et un rivage bas à
quelque distance devant nous. Au moment où
la vigie postée en haut du mât criera, Pégase ailé,
avec Deneb brandie devant lui dans la Croix du
Nord, descendra le rivage escarpé de la nuit
au milieu des étoiles occidentales et son sabot
touchera l'horizon du ponant. Et derrière nous
à l'est, Jupiter s'élèvera dans le vol des oiseaux.

Le matin nous découvrira mouillant à
l'entrée d'une large et brillante baie aux rivages
couverts de palmiers qui bruissent et se
balancent. À trente-trois jours de voile de l'île de
la Gomera, les trois navires perceront le pavillon
de l'oreille lumineuse de la plage et les marins
feront leurs premiers pas chancelants sur
l'horizontale bénie du sable. Ils marqueront
l'endroit d'une croix taillée dans un pin de l'île,
dont le tronc équarri par la langue d'acier de
l'herminette fleurira de fleurs odorantes aux
pétales blancs comme l'os. (Déjà dans leur
sommeil les charpentiers répètent le catéchisme
de l'équerre et du fil à plomb.) Apaisés par l'air
parfumé, le réconfort des fleurs et de la terre, et
l'eau claire qui ne goûte ni le vinaigre ni le baril,
ils parleront ici d'une voix qui, après
les bredouillements et les hurlements d'un mois
de navigation, leur semblera étrange, comme
tombée depuis longtemps en désuétude.
Debout sous l'ombre en croix de l'arbre,
ils prononceront ici le nouveau nom du lieu et,
même si leurs voix au début se perdent dans
le perpétuel rouleau des vagues sur la plage et
résonnent comme un étrange écho dans le vide
de la forêt plus loin, chantant, ils marqueront
le lieu dans l'air. Et cet endroit, dont ils ont
si longtemps rêvé, ne sera qu'ainsi connu.

Ce sera demain. Ce soir, nous sommes
toujours en mer et quelque part dans l'obscurité
devant nous, le rivage, même maintenant,
pose son éternelle question. La même question
que posent et posent toutes les vagues qui,
zézayant, s'y brisent : Écoutez, écoutez !
Les marins ne l'entendent pas encore.
Ils ne l'entendent pas encore.

LES INDES ACCIDENTELLES

·PATONE·

Est ȝng poiſſon fort excellent a mengie Aram Lequel dun eſturgion e habitem ſouuent aux ꝓ riuieres douces ꞓ

Aux premières lueurs de l'aube, Colomb est
déjà à sa table, dans la galerie sous le château
de poupe. Le vélin doré est étendu devant lui,
épinglé à plat, et tout autour, disposés dans
des boîtes et des coffrets, il y a ses plumes,
ses encres, ses pigments bruts, ses pinceaux
en poil de martre, des bouteilles de sable fin et
absorbant, son mortier et son pilon, ses compas
à pointe sèche dans leur étui de cuir, ses règles
et ses boussoles. Hier, il a préparé un fond
de gomme arabique, en a enduit la peau et
l'a laissée sécher dans le vent d'est qui a soufflé
toute l'après-midi derrière eux. Maintenant
qu'ils arrivent, que le navire se stabilise quand
il trouve l'abri de l'île et que la houle soudain
se calme, il se penche sur sa table et esquisse
une image du voyage lui-même, une sorte
d'invocation, la rose des vents.

Il est évident qu'il a peiné au pochoir.
Au centre, il y a les pétales d'une fleur en
perpétuelle floraison, entourée par une bande
de feuilles d'or dans laquelle sont incrustées huit
pierres précieuses indigos, une pour chacun

des huit vents du monde. Un horizon noir uni
la cerne, bordé par des traits de cochenille. Et,
à partir du centre de la rose, il a tracé et
prolongé trente-deux fines lignes droites,
des lignes noires de portulan, qui irradient sur
la plaine entière du vélin comme les rayons
d'un soleil obscurci, un nuage obstruant
son visage. Cette figure, il la répète plusieurs fois
au pourtour de la carte. Chaque rose est orientée
vers les autres et leurs rayons qui s'entrecroisent
forment un ample filet aux bords lestés, où noter
ses observations. Et, dans les marges, les visages
penchés des quatre dieux du vent, joues gonflées
et cheveux soufflés vers l'arrière par d'invisibles
bourrasques, animent l'espace vide qui
les sépare.

    Pourquoi les cartes sont-elles si merveilleuses
et fascinantes ? Il travaille dans une sorte
d'extase, Colomb, malgré l'agitation sur
le navire, et il s'arrête maintenant pour tailler
sa plume, plisse les yeux et se penche de nouveau
sur sa table. J'ai, moi aussi, je l'avoue, ressenti
la beauté, le charme des cartes, et passé
beaucoup d'heures penché sur un atlas à
la reliure usée, traçant avec mon doigt le cours
d'un fleuve ou le cap à suivre plus loin vers
le nord ou le sud, l'est ou l'ouest, ou la route
labyrinthique entre des îles qui ouvrent en secret

sur d'autres mers, donnent sur d'autres mondes
dans lesquels, la suivant, j'ai pénétré. Le langage
des cartes esquisse le contour du visible :
le rivage, le promontoire, la langue de terre,
la paroi d'une falaise que l'on voit du bateau qui
accoste, le passage dans un récif, le littoral
lumineux qui ceint chaque île, traduits en lignes
noires par une plume limpide, et le blanc de
l'écume sur les rochers représenté par une étoile
sombre. C'est leur langage, mais ce n'est pas leur
sujet : les cartes cartographient le sacré et sont
les manuels d'une espèce particulière de désir.

Mais revenons à la galerie basse de la *Santa
Maria* où Colomb, assis dans l'ombre du pont,
tient immobile son pinceau à poils doux
au-dessus de l'île de l'arrivée et requiert
notre pleine attention. Derrière l'apostrophe
noire qui marque le croissant du littoral, la baie
dans laquelle les navires font voile, il étale
un premier lavis de vert, le vert de l'île, vif
et translucide. Et maintenant, pour montrer
ce premier mouillage et sa profondeur, il déroule
avec sa plume une bonne longueur de ligne
de sonde, la petite sonde côtière, enduite de suif,
si précise dans le détail qu'on en voit
les bandelettes de cuir à la marque des trois
brasses, le chiffon blanc à cinq brasses, le rouge
à sept.

Entrant comme un fantôme à la faveur de
la marée montante dans cette vaste et lumineuse
baie, il n'est pas déçu, mais surpris de trouver si
peu de ce qu'il avait imaginé. Le sifflet du maître
d'équipage signale les eaux calmes. La sonde,
chaque fois qu'elle plonge, marque son propre
centre ; les rides sur l'eau s'élargissent
et rejoignent celles du coup de sonde précédent
et celles du suivant, et cette chaîne légère
marque la progression de la nef. La forêt
derrière la plage leur en renvoie le chant scandé,
net, clair, saisissant après un mois passé sur
l'océan sans écho. Et avec l'écho leur reviennent
tous les autres sons, un déluge de bruits
distincts ; au lieu de la morne percussion
des vagues, ils entendent leur propre souffle
s'échapper de leurs poumons, et quand ils
inspirent, ils aspirent aussi l'étourdissante odeur
des pins, impérieuse, évidente ; le bruissement
des palmiers qui bordent la rive et commencent
à bouger maintenant, à se balancer dans
la première brise du matin qui descend sur eux
comme sur leur sommeil, sibilante et réelle ;
les cliquetis d'un ruisseau qui traverse la plage et
tinte comme une clochette sur le rivage distant ;
le vert de la forêt bordant le vide de la baie
chante sa mélopée de cris d'oiseaux ; les voiles
usées par la mer, ferlées comme des rouleaux

de soie ; chaque chose, surprenante de netteté et
d'unicité, scintille dans la clarté des sens revenus,
semble-t-il, l'un après l'autre, maintenant que
le nœud de la traversée qui les étranglait s'est
soudain desserré. Le matin est calme, la baie
selon toute apparence déserte : ni ville ni village,
pas même une clairière ou un sentier. Il y a
peut-être, c'est vrai, mêlé à l'odeur de la forêt qui
se réchauffe dans le soleil matinal, l'âcre relent
d'un feu éteint et, à tout le moins, la possibilité
de filets de pêche qui pendent, ombres parmi
les ombres, et sèchent plus loin sur le rivage.

Il n'avait rien prévu de tout ceci.

Mais pensez, lecteur, pendant cette brève
pause (parce que cette baie n'est pas déserte
et ne le restera pas longtemps non plus : si vous
jetez un coup d'œil au large du point le plus
méridional de l'île, vous verrez où Colomb, dans
un dense lavis bleu cobalt, a déjà peint l'ombre
de la brise qui ramasse, à l'aube, l'une après
l'autre, toutes les îles de cet archipel, coquillages
dorés gardés dans la paume du vent), pensez
à quel point cette perspective – les cascades
d'un ruisseau d'eau douce, le réconfort de l'air
parfumé, les fleurs et la terre, la grève blanche et
le mouillage sûr –, à quel point cette perspective
tempère toutes les déceptions des attentes
insatisfaites et suscite plutôt un sentiment

d'émerveillement chez quelqu'un qui a passé tant de jours en mer et qui est si loin de sa maison. L'endroit lui semble magique.

Et effectivement, quand les navires s'arrêtent et jettent l'ancre et que les premières brises du matin tournent le miroir de la baie vers le mur poreux des arbres, plusieurs jeunes hommes et une jeune femme en émergent, se défont de l'ombre verte des feuillages et s'avancent nus dans la clarté du soleil. Un manteau de lumière couvre leurs mouvements souples et calmes. Ils tirent un canot de son abri de feuilles et le glissent dans l'eau jusqu'à hauteur de leurs cuisses, puis sautent dans la coque étroite et se saisissent de leurs pagaies étincelantes. La coque ailée trouble à peine la surface de l'eau et n'y laisse pas de sillage, malgré sa rapidité, et les pagaies n'empennent rien, sinon l'air vif et clair. Le corps des pagayeurs est rehaussé par des touches de cochenille, d'orpiment, de noir, et leur peau par des traits de myrrhe légèrement foncée. Derrière eux, l'île est somptueuse, un joyau vert serti dans l'or, posé sur le lavis bleu profond de l'océan, bordé par une ligne de blanc, puis de turquoise. Quand ils montent à bord et parlent, le son de leurs voix est pareil à l'incompréhensible et doux babil des oiseaux.

Mais malgré les excès de la carte (la poudre
d'or dissoute dans la bile de bœuf avive certaines
parties de la plage et le lapis-lazuli approfondit
le bleu des lacs intérieurs), les navires ne
s'attardent pas à cette première île. Quand
Colomb rame vers le rivage et, dos tourné à
la terre, enjambe avec précaution le bord élevé
de l'avant de la chaloupe, puis pose, mal assuré
après un mois de tangages et de roulis, le pied
sur le sable, il baisse les yeux et constate que
l'orteil de son étroit soulier pointe vers la mer (et
vers l'ouest encore) ; nous pourrions interpréter,
comme il l'interprète lui-même, que c'est
un signe : l'empreinte de son pas est une
annonce évidente de départ, et non d'arrivée.
Aujourd'hui et demain, ils prendront
effectivement le temps de profiter de la plage
et de manger un repas indigène de beignets
de mollusque, de queue d'iguane et de galettes
de farine de manioc, et se livreront à un petit
négoce de perles (pour natter les cheveux)
et d'objets rouges. Et Colomb, avec toutes
les formes de rigueur en pareille occasion,
proclame qu'il prend possession de cette île.
Mais la cérémonie de l'arrivée est comme
estompée, assourdie, un bref discours dans une
salle immense, et les uns et les autres semblent
peu certains de la portée de leurs gestes,

qu'ils soient de conquête ou d'accueil :
l'un invente un rituel pour célébrer la surprise,
l'autre l'arrivée dans un endroit qu'il ne
reconnaît pas.

Colomb fonctionne à l'estime, et naviguer
à l'estime ne trouve son sens que dans
le mouvement ; équilibre prudent entre l'espoir
et l'observation, qui ne détermine toujours et
uniquement la position du navire qu'en fonction
d'où il a été et d'où il va. Réfléchissez
aux instruments dont le navigateur dispose :
la boussole de bord dans l'enceinte close de son
habitacle ; l'ampoulette, ou horloge à sable, qui
distille son sentier d'or sur les strates du temps ;
la ligne de loch et ses nœuds qui, jetée à l'eau,
mesure la vitesse du bâtiment ; et la ligne de
sonde qui les guide pour franchir le braille des
bas-fonds. Colomb n'est pas équipé pour rester
immobile. Il ne devrait donc pas être surprenant
que nous le trouvions, même à présent, en ce
soir du premier jour, affairé à mélanger la terre
de sienne et le blanc d'œuf battu pour la couleur
des coques, la myrrhe éclaircie d'orpiment pour
celle des voiles éclairées par le soleil levant, et
du blanc de céruse pour les crêtes des vagues à
l'avant. Voyez ! Il a déjà enchâssé les trois navires
dans un autre jour, plus à l'ouest, toutes voiles
dehors, avec leur ombre qui tourbillonne devant

eux et les oriflammes vermillon déployées au sommet des mâts.

Le jour pointe à peine et les proues foncent vers la minuit silencieuse du ponant. Quand le soleil, libéré, s'élève et dore le vide de la mer devant eux, la première île n'est plus, au bout de leur sillage, qu'une silhouette aplatie contre le ciel de l'orient. Les guides indigènes qu'il a emmenés, penchés contre le plat-bord, scrutent l'horizon, du sud au nord-ouest, et épellent tout haut la litanie des noms de la centaine d'îles qui se dressent juste par-delà leur champ de vision ; les navires font voile entre elles.

Vers midi, ils arrivent à la première, déchiquetée comme les lambeaux d'un drapeau laissé à flotter pendant une saison entière. La vigie, postée toute l'après-midi au sommet du mât, décrit le scénario de ses récifs, que Colomb transcrit avec minutie en même temps qu'il applique les coups de pinceau plus doux de ses barres et les couleurs changeantes des courants eux-mêmes, où l'eau plus froide qui s'élève du puits de l'océan, monte vers les bas-fonds et s'ouvre comme un œil autour de l'île déchirée. Ce soir, les trois navires sont ancrés à l'abri de son cap occidental. Le soleil se couche et met en mouvement le ciel de la nuit très haut au-dessus de leurs têtes. À terre, il n'y a qu'un feu brasillant sur la plage. Le jour lui-même, lecteur, a été une île. Colomb n'a pas amarré cet endroit entre les étoiles, ni fixé ce moment dans leur tournoiement. En bas dans son coffre, le quart de cercle de son quadrant d'ébène, avec son échelle en ivoire marquée en degrés, et son plomb en laiton, enroulé dans son fil de soie, est couché sur le côté dans la nuit de velours sans étoiles de l'étui dans lequel il est encastré. Ce soir, la constellation d'îles qu'il a jusqu'ici cartographiées, chacune avec sa plage, chacune avec son feu, glissera sous les coques sombres de leur sommeil et, dans les courants noirs, s'en ira doucement à la dérive sur l'océan de la nuit. Au matin, ils se réveilleront dans la même brise douce qui souffle ce soir et effrange les crêtes de leurs rêves et, avant qu'ils se remettent en route, Colomb dessinera les trois bateaux, même s'ils sont toujours à l'ancre, toutes voiles carguées et fendant les flots.

La carte, malgré la minutie des observations et la précision des notes, malgré les calculs interminables, la rigueur de l'équerre, la prise en compte des courants, de la route, la route devenue réalité, malgré les astucieuses approximations de la vitesse et de la vitesse par rapport aux îles, les coups de sonde répétés, ne peut déterminer que localement la position

des terres aperçues du navire, et uniquement
les unes par rapport aux autres, et non
les positionner dans une géographie globale
du monde ou les situer, par exemple, par rapport
à une patrie lointaine au bord d'une autre mer,
vers l'est quelque part, de l'autre côté de la
longue traversée. Sa méthode doit aplatir la
sphère terrestre et, par conséquent, détendre les
cordes des longitudes imaginées et les remettre
d'aplomb. Non, même si la carte est axée sur
le monde et orientée vers son nord, elle n'est pas
dans le monde, elle est un monde à part.

Et c'est peut-être à cela qu'il faut attribuer
le malaise du pagayeur solitaire qu'ils ont cueilli
en mer, une heure plus tôt, et embarqué,
canot et tout le reste, dans le ventre du navire.
Il accueille les questions qu'ils lui miment à
propos de mines d'or et de vêtements orientaux
avec un étonnement certain et n'est pas content
de reconnaître l'île qu'il habite, capturée dans
la senne rêche de la carte. Il est poli, mais se
méfie du pain et de la mélasse sucrée qu'on lui
offre, et c'est avec grand soulagement qu'il voit
se profiler l'île vers laquelle il se dirigeait,
et dont la côte longue, basse et familière se lève
à la lisière du crépuscule.

Les navires arrivent trop tard pour jeter
l'ancre. Les volets des bas-fonds sont déjà clos

pour la nuit. Ils restent donc au large jusqu'à
l'aube. Colomb, accoudé au bastingage, regarde
le pagayeur les quitter, longer le havre et
la plage, et se perdre dans le voile d'obscurité
plus profonde dont l'île s'est drapée. Toute
la nuit, les yeux rougis par le manque de
sommeil, enflammés d'avoir trop regardé,
il suit distraitement la trace des invisibles
courants qui effleurent le rivage, touchent
les voiles et les gonflent.

Au matin, ils mettent le cap au sud,
puis, toute la journée, font voile vers l'est et
vers d'autres îles, débris d'un vaisseau fracassé
d'où s'épanche la brise du soir. La rosée, ici, est
parfumée quand elle descend et, toute la nuit,
l'odeur de nombreuses fleurs dont ils ne
connaissent pas le nom flotte dans l'air.

Ils continuent de naviguer et laissent,
une main d'abord, puis les deux, caresser,
pour ainsi dire, les parois de feuilles, les rives
où ils n'accostent pas et qu'ils ne traversent pas.
Il y a de nombreuses îles et de nombreuses
routes entre les îles, et ils sont, à l'heure qu'il est,
perdus dans la répétition, chacune différente
et chacune identique. (Et elles sont perdues
pour nous aussi, lecteur, et la première est déjà
refermée sur elle-même, avec ses quelques objets,
ses tessons de poterie ou morceaux de fer, le bol

ébréché, la hachette à la lame brisée, enveloppés dans les plis du sable.) De jour, l'espace leur moissonne des branches d'azur, l'une après l'autre, comme des fruits mûrs. C'est la saison des étoiles filantes et, cette nuit, les marins les regardent tomber autour de l'arbre de l'ombre. Dans les voyages parallèles de leur sommeil, ils jurent entendre des voix, peut-être les gosiers roses des coquillages qui chantent dans la marée, peut-être les îles éparpillées qu'ils ont laissées, ancrées dans les roulements de tambour sous le vent nocturne ou dans les mouvements de leurs grèves d'or. Ils continuent, tournent et tournent sur une mer constellées d'écueils et de récifs sans nombre, naviguent même de nuit maintenant, poussés non par ce qu'ils découvrent, mais par ce qui leur échappe. Tout ceci est porté sur la carte.

À partir d'ici, le tracé du voyage oblique vers le sud. Par-delà les bancs d'un bas-fond et au bout d'une longue droite, le laiton des pointes du compas marque, étincelant, la ligne de cours et perce la carte d'un trou d'épingle où les ciseaux des coques découpent des poissons volants dont le dos et les stries des ailes ruissellent de perles d'eau dans le dôme de lumière du fanal des poupes et la pluie légère qui tombe cette nuit. Les navires continuent.

Quand l'aube inonde le prochain mouillage, une petite escouade descend à terre. Disons que nous les accompagnons ; nous quittons, avec trois ou quatre hommes, pendant une heure les roulis du bateau et grimpons jusqu'à un village caché derrière un léger canevas d'arbres. Tous ses habitants ont fui – les oiseaux, un moment effarouchés et réduits au silence, ponctuent notre progression au moment où nous entrons dans la clairière. Vous vous avancez seul dans l'embrasure de la première cabane et dans sa pénombre spacieuse. Il fait frais et agréable sous la chaume du toit de palmes et, après que vos yeux se soient ajustés, vous constatez que l'intérieur est bien rangé, en ordre comme sur un bateau : hameçons, filets et quelques autres outils de pêche glénés le long des murs et le sol soigneusement balayé, vide, à part au centre un âtre de pierres où un feu couve encore ; à côté, une calebasse d'eau scintille dans la lumière qui tombe à flots de l'embrasure de la porte en face. Autour de vous, les tresses fines de hamacs, suspendus à des poteaux, émergent de l'ombre. Puis vous remarquez les coquillages lisses et nacrés suspendus par des cordelettes à la ferme et aux chevrons du toit qui, bousculés par la perturbation du récent départ, tournent

lentement sur eux-mêmes juste au-dessus
de votre tête. Vous tendez le bras pour
les immobiliser et vous rendez compte que
quelque chose bouge derrière vous, près de
la porte. Vous virevoltez sur vous-même et voyez
un chien à côté du seuil – vous devez l'avoir frôlé
quand vous êtes entré, surpris par l'obscurité,
et maintenant vous vous rappelez le contact
d'un pelage contre votre jambe. Le chien,
méfiant, vous observe, mais n'aboie pas et
n'attaque pas. Vous ne touchez à rien et
poursuivez votre chemin.

Revenus à bord, le village disparaît de
nouveau. Ils lèvent l'ancre, poursuivent leur
cours et longent cette côte abrupte et longue.
« Ma langue serait incapable d'exprimer, non
plus que ma plume de décrire », s'exclame
Colomb. Il ne lui reste plus d'adjectifs et, comme
pour compenser, il se met à encombrer la côte
de noms, nomme chaque promontoire, chaque
baie, chaque fleuve, chaque havre, pointe ou
lagune. Il les transcrit de son écriture déliée
devant les rives partout où passent les navires,
et les eaux derrière eux s'obscurcissent, comme
à cause des longs doigts noirs des bourrasques
qui pointent les flots du haut des montagnes.
Et pendant qu'il écrit, il sent de plus en plus
dans sa plume et sa main l'imminence de

quelque chose qui remue, comme un insecte
dans sa chrysalide, le « X » pressant qui
marquera la fin de l'aller de ce voyage et ancrera
ces îles tournoyantes à un monde qu'il connaît.
Mais d'abord les bateaux continuent et
traversent un autre détroit, argenté, celui-ci,
par les vents qui tournent et virent. Le mousse
le sonde avec une pierre qui ricoche et brille
sous la miroitante surface de la mer avant
de disparaître ; elle coule plus profond,
plus profond, oublieuse d'abord de la couleur,
puis oublieuse de la lumière. En dessous d'eux,
le fond de l'océan s'est affaissé, a disparu avant
de remonter abruptement pour accueillir leurs
ancres maladroites dans les eaux d'Hispaniola.

Si la carte, à l'heure qu'il est, s'est
transformée en jardin clos, Colomb y dessine
cette nouvelle île comme son lis le plus pur et
sa rose la plus parfaite. Il esquisse ici des forêts
familières de chênes, de pins et d'arbousiers
et en revêt comme d'un manteau les épaules
tombantes de l'île jusqu'au rivage ; des villes
et des villages ordonnés ; des collines pareilles
à celles de Ténériffe, mais plus hautes ; de froids
et profonds ravins qui s'ouvrent sur des champs
d'orge et de froment, et sur des plaines secrètes,
cultivées comme les plaines de la riche Cordoue.
La mer regorge de saumons. Et le long de

ce rivage, il dessine pour la première fois
des gens massés sur la grève qui tendent à bout
de bras leurs cadeaux et des objets de négoce.
Maintenant dans chaque havre où ils s'arrêtent,
les navires sont lestés de perroquets, de coton,
d'eau, de pain et d'ignames.

Et aujourd'hui dans la baie qu'il appelle
Saint-Thomas, Colomb est sur le point
de recevoir un masque ancien en bois poli,
monté sur une ceinture de coton ornée de motifs
très élaborés. Ce masque a voyagé aussi. Pendant
deux siècles, il a volé d'île en île, vers l'est et vers
le nord, parfois en canot, parfois à terre porté
par un homme, parfois accroché à une poutre
près de la lumière d'un feu. Le sel des embruns
l'a nettoyé, la rosée et la pluie battante l'ont lissé,
le soir lui a fermé les yeux et le matin les lui a
ouverts, toujours sur une île nouvelle. Il a repris
la route aujourd'hui, posé dans une corbeille
d'herbes odorantes à l'arrière d'un grand canot.
La côte défile à toute vitesse, baies, criques,
îles, mangroves, avec les cinquante pagayeurs
qui rament en silence. Les bouches des fleuves
s'ouvrent et lui parlent quand il passe : « Oh,
toi que nous avons porté dans nos bras » ;
les rochers et les coquillages coupants lui
chantent dans les effondrements de schiste :
« Enfant, c'est nous qui t'avons façonné » ;

toute l'après-midi pendant que le canot file devant elles, les forêts murmurent et, dans les feuilles, le vent murmure : « Frère, frère, entends-nous. » Les sifflements du sel le saluent. Le canot poursuit son cours.

Si vous vous penchiez maintenant, lecteur, peut-être avec l'écho de ces mêmes supplications se réverbérant dans vos oreilles, et preniez cet antique objet dans sa corbeille, son poids et sa texture vous surprendraient. Sculpté dans le gaïac, le bois de vie, il a la même dimension et le même poids qu'un cœur humain, celui, surprenant, de la pierre ou de l'eau. Et si vous le tourniez dans vos mains, vous sentiriez la patine de son huile douce que le soleil de l'après-midi rehausse, et remarqueriez aussi les cataractes d'or qui sont récemment tombées sur ses yeux (c'est hier à peine, en fait, que les anneaux d'or ont été martelés en feuilles) ; le beau bois sombre de ses oreilles, de son nez, de sa langue et de ses yeux, recouvert d'or.

Il fait nuit quand l'émissaire arrive finalement. Ses pagayeurs s'affaissent sur leurs bancs et une torche brûle à l'avant du canot. Les paroles qu'il prononce sont un fil doré jeté sur les ténèbres de l'eau, puis il monte à bord et remet son présent. Colomb prend la ceinture à laquelle est attaché le masque et la lève –

ce pourrait être, avec l'éclat de ses yeux,
son front ailé, ses oreilles et sa langue plombées,
un cadeau de mauvais augure, mais Colomb est
serein. Il s'attache la ceinture, et le masque
ancien, autour de la taille et est persuadé que
la prochaine baie, derrière le prochain
promontoire, est la baie de ses espérances.
Les bateaux se remettent en route à l'aveuglette.

Dans le drame de la découverte, le premier
acte est toujours comique : quoi que fasse
le découvreur, il fait ce qu'il faut. Il va toujours
de l'avant. Pensez, par exemple, à la route
hésitante de la *Santa Maria* qui progresse et
se rapproche des collines d'Hispaniola, un peu
après minuit en ce matin de Noël. Tout est calme
et le navire, fantôme porté par les murmures
de la marée, s'en approche de plus en plus,
de plus en plus. Ce n'est pas le mouvement
qui les tire de leur sommeil, mais l'immobilité.

Il y a deux sortes d'échouement. L'un est
une interjection soudaine du roc, de la vase
ou du corail contre la coque. Les mâts fléchissent
vers l'avant comme des fouets avec une
surprenante élasticité, le gréement brisé,
les poulies, les caps-de-moutons grésillent dans
l'air et, au moment du choc en retour, il arrive
que les ponts se déforment et que les cloisons

tremblent comme du verre. Si la côte est
escarpée, le bateau coule en quelques secondes
et disparaît corps et biens ; ou bien
il s'immobilise sur un éperon rocheux ou sur
la pente d'un brisant pendant qu'affolés par
la violence inouïe du martèlement des vagues –
la mer s'est soudain retournée contre eux –
quelques membres de l'équipage se jettent dans
le ressac ouvert autour d'eux. Dans ce type
d'échouement, la réaction est instantanée et
sauvage. Vous vous surprenez à tenter de sauver
le bateau comme si c'était votre propre corps ;
vous travaillez sans réfléchir, souvent doué
d'une vigueur exceptionnelle, et sans douleur
ni même conscience de la froideur de l'eau,
par exemple, ou des coupures et des échardes
plantées dans vos mains et vos pieds,
ou des ecchymoses disséminées sous la peau de
vos côtes et de vos épaules comme des flaques
laissées sur le sable par les marées.

Dans un échouement de la deuxième sorte,
il se peut que vous n'en preniez conscience que
lentement, que vous ne compreniez que petit à
petit, quand vous sentez un froid ramper dans
la coque sous vos pieds, et à mesure que vous
cherchez et reconnaissez les autres signes :
les claquements réguliers et lents d'une drisse,
réduits au silence ; le gouvernail qui n'obéit

plus ; l'immobilité de la rose des vents de
la boussole ; et finalement, une lourdeur
nouvelle de vos pas quand vous traversez le pont
et vous penchez au-dessus du bastingage pour
vérifier et être sûr.

Le naufrage de la *Santa Maria* est de
la deuxième espèce. Le mousse est seul à
la barre. Ses yeux sont presque clos. Bercé par
le délicat et léger balancement de la carène,
il est sur le point de s'endormir. Quand l'étrave
touche doucement le fond, le bruit est si ténu,
juste à la lisière de la veille, si léger qu'il pense
que ce sont peut-être des bruits de pas à l'avant
ou un rouleau de cordage qui tombe de son
crochet. Puis le bruit de nouveau. Et cette fois,
ils sont hissés sur le banc et y sont bloqués, et
la coque est devenue de pierre. La marée
descend et vraiment, même à présent, avec
l'équipage qui dort toujours, le mousse toujours
debout à la barre comme s'il continuait de
naviguer, les étoiles toujours à leur place dans
le ciel, il est déjà trop tard.

Il y a, dans les deux sortes d'échouement,
un seuil qu'on franchit sans le savoir. Dans ceux
du premier type, vous ne le reconnaissez pas
parce que la déferlante vague de sang pompée
dans votre tête, dans vos mains et dans vos bras
tendus vous en empêche et, dans ceux du second

type, ce seuil est souvent franchi avant que
vous puissiez secouer de vous, comme au sortir
d'un sommeil profond, votre sentiment
d'incrédulité et évaluer comme il faut
la situation. Pendant que vous vous démenez
pour remettre le bateau à flot, jetez les ancres
à jet enroulées autour des mâts, larguez les barils
d'eau entreposés sur le pont, roulez par-dessus
bord les lourdes bombardes et les boulets, vous
débarrassez des ancres de réserve, des espars
de réserve, des espars eux-mêmes et, finalement,
coupez le grand mât, vous vous rendez compte
un moment donné que vous avez, pendant tout
ce temps, collaboré avec les vagues et les récifs
qui compriment et broient la coque sous la ligne
de flottaison, que vous avez contribué à
démanteler le bateau même que vous aviez
l'intention de sauver. Alors tout espoir reflue
de vous et, avec l'espoir, toute votre vigueur.
Un sentiment de quiétude naît souvent à ce stade
et, si la mer est calme, comme elle l'est cette
nuit, il se pourrait que vous remarquiez pour
la première fois les gloussements des vagues qui
lèchent la coque de plus en plus bas à mesure
que la marée descend. Et que le vent se lève.

Quand Colomb a de nouveau le temps de
s'installer à sa carte, il ne représente pas l'épave
captive de son éblouissante auréole d'écume,

mais plutôt le fortin qu'ils érigent sur le rivage
avec la membrure et les madriers sauvés de la
nef. Écoutez les gros cordages qui glissent de
nouveau sur les billes de bois, les espars dressés
pour former des échafaudages ; écoutez
les coups de marteau qui suivent les roulements
de tambour ; écoutez le chant de l'enclume et
le grondement de la forge qui façonne des clous,
des crochets, des charnières, des verrous et
des boulons à même les cadènes, les gougeons,
les gonds de penture des sabords du navire,
de sa ferrure et de son bronze ; écoutez
la cadence des haches qui dégagent un espace et
attaquent le dédale des racines de la mangrove ;
et les pieux enfoncés dans la terre friable et liés
les uns aux autres ; le fracas des barils qui roulent
sur les rampes ; le bétail qui crie dans
ses nouveaux enclos ; écoutez les cris
des hommes qui travaillent de l'aube jusqu'au
soir ; ils tirent sur les cordes et traînent tout cela
sur la plage.

Il est peut-être inévitable que le fortin
ressemble au navire dans le bois duquel il est
bâti. Les charpentiers sont d'abord charpentiers
de marine, et leur construction, même vouée
à une autre fin, garde en mémoire la forme du
bâtiment en rade. Colomb, assis confortablement
sur la grève, la veille du départ, dessine le fortin

avec sa proue tournée vers l'ouest dans les crêtes
des vagues vertes de l'intérieur de l'île.
Le naufrage a été providentiel et, sur la carte,
il a hissé le grand et vif pavois du prochain
commerce et de l'Espagne coloniale.

À l'aube, les deux navires reposent poupe contre
poupe, l'un dans l'ombre de l'autre, l'un sur
le rivage et tourné vers l'ouest, l'autre qui lève
ses ancres et met le cap à l'est, vers le pays.
Colomb, dont la table est installée maintenant
à bord de la *Niña* surpeuplée, se retourne
avec les autres et regarde derrière lui. Il voit
l'équipage qu'il a laissé à terre, rassemblé sur
le parapet du fortin, qui agite le bras pour leur
souhaiter bonne traversée ; les mains levées
vacillent comme des flammes dans les premières
lueurs de l'aube quand le soleil escalade
le bastingage du côté est, puis les colore et colore
ensuite les voiles. Ils sentent, sur la *Niña,*
le pont se lever sous leurs pieds au passage de
la première longue vague d'Afrique qui soulève
la proue et va fleurir ensuite derrière eux sur
le rivage. Colomb s'arc-boute contre elle,
se penche une fois de plus sur sa carte et marque
ce havre d'une croix et, à côté de la croix,
il écrit : « Navidad ». Le mousse retourne
l'ampoulette et chante.

TRADUCTION

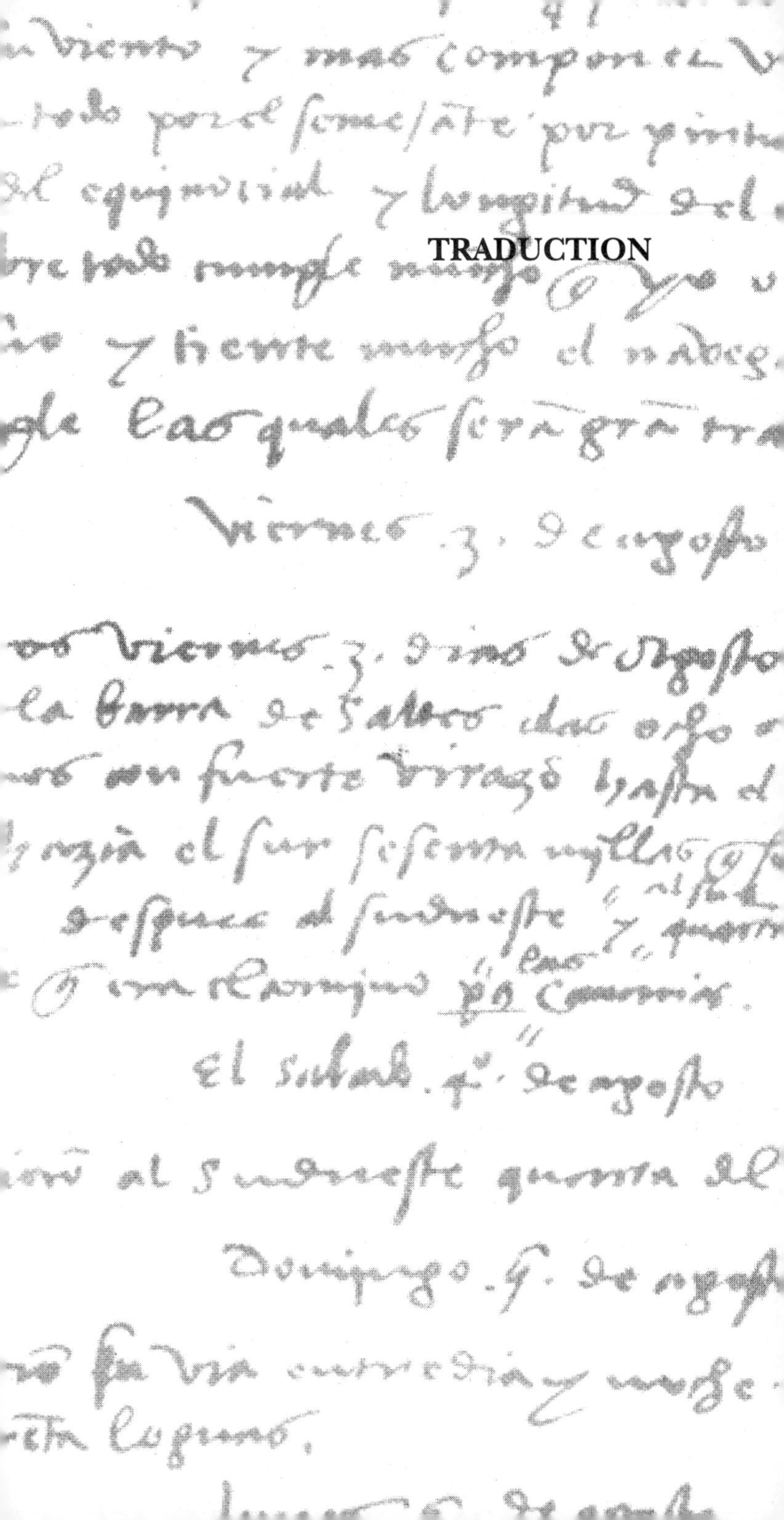

Il partit trois heures avant le lever du jour du golfe

qu'il appela le golfe des Flèches. Puis, par vent d'ouest,

...il reprit le cap nord-est quart est, droit sur l'Espagne.

LE RETOUR

Cette traversée s'effectue sous le signe
du Romain Janus, le dieu à deux visages
des commencements, quadropticon, péager de
la barrière à bascule dressée sur ce pont à moitié
construit entre les mondes, saint patron
circonspect de la venteuse porte sur le pas
de laquelle ces marins hésitent, Janus du seuil
qui toujours arrive et toujours part, prince
des paradoxes, propriétaire des pauses et
des césures, dieu de l'entre-deux, Janus à
la vision singulière qui regarde dans les deux
directions à la fois : l'avant et l'arrière, le passé
et le futur, l'est et l'ouest, le recto et le verso –
avec tout qui devient si simple dans son double
regard. Et quand il regarde, que voit Janus ?

La portée de son pouvoir est aussi vaste que
la mer, elle-même domaine entre les domaines.
Et c'est depuis cet observatoire privilégié
de l'océan qu'il porte sur ses cartes la clameur
des départs et des arrivées sans nombre qui en
touchent les rivages. Il voit que la mer est verbe
pur et que nos voyages, cependant, y revêtent
une forme, une structure qui est la structure
de notre pensée et de notre langage. Ce sont
des voyages de découverte, et la découverte est
prédicative.

　　Aujourd'hui, peu après les ides de
son propre mois, Janus est gorgé de futur
et prête donc une attention particulière aux
deux caravelles qui font eau de toutes parts
et apparaissent à l'aube, dans son regard
occidental. Ballottés par les vagues et lestés
de souvenirs légers, les deux navires poursuivent
leur route vers l'est et le pays où, déjà, c'est
l'après-midi. Et, les voyant approcher, Janus voit
aussi que tous les ports d'Europe (même s'ils
ne le savent pas encore) attendent l'incroyable
nouvelle qu'apportent les deux caravelles sur
les murmures de la mer. Sur chaque jetée dans
chaque port, les sentinelles sont assises, les vieux,
et ils attendent. Ils attendent tout au long
des heures paresseuses de l'après-midi et tout au
long de la fin du jour. Ils attendent et regardent

le soleil sombrer aux lèvres de l'horizon, même
après le retour des pêcheurs, leurs fils, et, dans
la nuit qui tombe, ils attendent et écoutent les
pierres des brise-lames chuinter dans la marée.

Les deux caravelles apportent avec elles
de palpables preuves. Enfermés sous le mutisme
de leurs cales, des perroquets, déments et beaux
dans leur captivité, ne cessent d'égrener leurs
litanies d'insultes contre le noir ; d'étranges
masques en or fixent de leurs yeux vides, dans
des coffres, la nuit foisonnante d'ombres
emblématiques qui, jetées pêle-mêle les unes
contre les autres par les tangages et les roulis
des bâtiments, ont perdu toute dignité ; d'autres
coffres sont remplis d'arcs, de flèches à pointe
de bois et d'autres armées d'éclats de tortue
ou de dents de poisson, de sagaies, d'idoles
tutélaires en pierre, d'outils pour râper
le manioc, de pressoirs, de bols en bois, de
boules de mastic, de pelotes de fil de coton,
de calebasses, de coquillages ; et, plus profond
dans la cale, des plantes mal identifiées
poursuivent leur croissance, chétive en guise
de protestation – rhubarbe médicinale de Chine
qui n'en est pas, aloès qui n'en est pas, cannelle
qui n'en est pas – sans compter les dociles et
résistants tubercules qui, inconnus jusque-là,
ne charrient que leurs propres attentes,

la pomme de terre, l'*aje* ou racine de yucca,
et aussi les virulents piments qui se ratatinent
et sèchent, mais gardent leurs secrets, et du
maïs : jaune et noir et rouge ; et, plus profond
encore, l'or du fou, éclats de minerai noir veinés
de pyrite, qui depuis toujours se gausse
de tromper celui qui prend pour or tout ce
qui reluit. Et il y a les nombreux prisonniers,
enchaînés à l'absurde et l'inconnu.

Ce ne sont que les preuves les plus tangibles
que les navires ramènent. Il y en a d'autres
soigneusement enveloppées dans les plis
des voiles entreposées, et les marins eux-mêmes
en transportent d'autres encore, immatérielles,
qui cheminent dans leur sang et leurs nerfs, et
d'autres encore qui se ramifient dans les paumes
de leurs mains et attendent d'être énoncées,
silencieuse spirille d'histoires d'indicibles
richesses, de cruauté, de bonheur, de vie simple
et d'antique liberté. Les navires, passés au crible
de la nouveauté et de l'étrange, débordent.
Pourtant, à part les sourdes incantations
des perroquets, ils ont basculé dans le silence ;
la mer est, en effet, elle-même silencieuse.
Les captifs dans la cale sont incapables de dire
où ils sont, et s'ils le pouvaient nous ne pourrions
pas les entendre, et les marins ne sont pas
capables de parler de ce qu'ils ont vu.

Ils ont ramené les premiers termes d'un nouveau
lexique :

> *aje, aji, anona,*
> *batata,*
> *cacique, canoa, caona, casavi,*
> *guacamayo, guanin,*
> *hamaca,*
> *maiz,*
> *nitaino, nozay,*
> *tuob*

– ils ont ramené les premiers termes
d'un nouveau lexique, mais n'en ont pas appris
la grammaire ; les mots nouveaux gisent sur
leurs langues, inertes comme des pierres,
et les réduisent au silence.

Et donc cet épisode n'est marqué que par
le grommellement des vagues. Ce soir, les vieux
ont quitté, découragés, le bout des jetées pour
rentrer chez eux et y raconter les histoires de
leur jeunesse, embellies d'exotiques endroits
qu'ils n'ont pas vus, mais dont ils ont rêvé,
et les marins sur les deux navires imaginent
la sécheresse de leur vieil âge et essaient
de penser à l'endroit où ils sont allés. L'unicité
de tout ceci plaît au diabolique Janus et le brave
dieu des commencements, n'y voyant rien
de neuf, clôt ses quatre yeux et, avec sa porte

entrebâillée pour laisser pénétrer le vent d'ouest,
s'étend sur l'océan de son seuil et dort.

LE SEUIL

Et c'est le vent d'ouest qui le réveille.

Cela débute comme l'imminence de quelque
chose tapie au fond d'une oreille aux aguets.
Puis le premier jour, le ciel se réduit à une marge
étroite et les vagues se bâtissent et deviennent
épouvantables. Le deuxième jour, les coutures
des caravelles cèdent. Ils sont détournés de
leur route vers l'est et perdent tout espoir.
Le troisième jour, ils entrevoient la terre mais
ne peuvent pas l'atteindre. Le quatrième jour,
ils atteignent la côte, mais leurs ancres ne
mordent pas et les vents les repoussent au large.
Les navires basculent et roulent sur la mer
furieuse dans les trombes de pluie et d'embruns
où les éléments eux-mêmes deviennent
incertains : feu, eau, sel ou air. Secoués et
éperdus, réfugiés dans les coins les plus sûrs du
pont, les marins se recroquevillent dans toutes
les postures de la dépossession ; attachés
au bastingage, ils se tournent vers le dedans et
méditent sur des détails isolés : une bulle de
goudron détachée des bordages, un déferlement
d'eau ragué par une bâche ou les grincements

d'un hauban, la cacophonique symphonie de
la tempête elle-même. Les chaloupes des navires
ont été fracassées et dispersées sur la mer.
Les voiles déchirées claquent aux mâts et
aux vergues comme des oriflammes en
lambeaux. Les ponts sont inondés, les navires
sur le point de sombrer.

En bas dans sa cabine, Colomb écrit une
lettre. Le mousse et le tonnelier sont avec lui.
Ils forment un étrange tableau pour l'ultime
lever de rideau. Le fanal s'est déjà éteint une fois
et a été rallumé. Il se balance furieusement.
Colomb est arc-bouté à sa table, avec un pied
bloqué contre un coffre. Le tonnelier, le dos
appuyé contre la cloison, a fixé les premiers
cercles de fer d'un baril et en prépare
maintenant le couvercle, et le mousse fait fondre
de la cire. Colomb écrit la lettre qu'il postera
aux portes de la mort. Il y décharge le chaland
de son esprit de sa cargaison de noms :
San Salvador, Santa Maria de Concepcion,
Fernandina, Isabella, Babeque, Cabo Hermosa,
Las Islas de Arena, Río de la Luna, Río de Mares,
Río del Sol, Cabo de la Laguna, Cabo de Torres,
Cabo Alto y Bajo, Cabo Alpha y Omega, Río del
Oro, Valle del Paraíso – noms qui pourraient
être les noms de lieux de n'importe où – San
Salvador, en mémoire de la Divine Majesté,

la vaste Juana avec son havre immense,
Hispaniola, avec ses terres si belles et grasses,
bonnes pour planter et semer, pour l'élevage
des troupeaux, pour édifier des villes... Tout cela,
il l'inscrit avec grand soin sur le parchemin,
l'enveloppe et le scelle dans une toile cirée,
et l'empaquette dans le tonnelet qu'il jette à
la dérive sur l'infini de l'océan, fouetté par
les vents.

Vous êtes peut-être persuadé, lecteur, qu'un
message dans une bouteille lancée à la mer est
un geste inutile, désespéré. Mais tournez-vous
maintenant et regardez de l'autre côté de
la porte encore sombre de Janus, et vous verrez,
dans le regard de ses yeux occidentaux qu'il
est le milieu de la matinée et qu'un pêcheur
solitaire dort dans sa barque, bercé doucement
par les vagues qui se font plus rapides et par
la brise matinale qui longe les collines vertes et
leur rend leur relief, et par le lent balancement
de la vague de fond qui se gonfle au-dessus
des rives bleues de l'eau. Ce pêcheur rêve qu'un
petit poisson cylindrique est venu et qu'il a avalé
toutes les îles, même les grandes.

Et qu'est donc ce petit tonneau de noms
pour être capable d'ainsi venir nager dans
le sommeil d'un aussi distant rêveur ? En ce
moment même, pendant que nous parlons,

le baril entame sa route vers l'est. Bien vite,
très loin des navires en perdition, il poursuit
son chemin vers l'Espagne par les falaises
abruptes de la tempête et les crêtes déchaînées
de l'océan, aussi sûr et insubmersible qu'un
minuscule Léviathan. Et quel est le sens de
sa cargaison, adressée aux souverains espagnols ?
Au moment où Colomb la jette dans
la tourmente de la mer, il craint à juste titre
pour sa vie et redoute le naufrage de ses navires.
Il veut, même si le découvreur lui-même se perd,
sauver l'idée de sa découverte, dont atteste
le parchemin scellé dans la toile de cire, et
penser au baril qui poursuit sa route vers la côte
est la bouée de sauvetage de son moral, et
qu'il y sera lancé sur une plage et trouvé par
un pêcheur occupé à sécher ses filets ou, mieux,
hissé des vagues dans un chalut comme
un poisson d'or, le poisson de l'espérance.
Au bout du compte, ce ne sont ni les navires
ni leur amiral, mais le baril lui-même qui se perd
à jamais. Imprégné d'eau en moins d'une heure,
il se dérobe aux chemins du vent et coule dans
le silence infini juste sous la surface de l'eau.
Il y est emporté dans les vastes cercles des
courants qui tournent vers l'est, puis vers le sud,
et vers l'ouest et le nord, puis des mois ou même
des années plus tard, de nouveau vers l'est

et le sud, se répétant et se répétant encore dans leur atlantique ronde avec, d'une blancheur parfaite et scellée sur soi dans sa toile de cire, la lettre manuscrite.

Mais il nous est possible de cartographier d'une autre façon le cours de la lettre. Son autre voyage est le voyage d'une idée vers l'extérieur et vers le langage. « J'ai découvert là-bas de très nombreuses îles : San Salvador, Santa Maria de Concepcion, Fernandina, Isabella, Juana… » : Colomb couche son chapelet de noms sur le parchemin.

Est-ce leur inscription qui trouble les rêves agités de l'homme qui dort dans sa barque : cette écriture déliée, toute en méandres, porteuse de métamorphoses, et dont l'influence se fait sentir si loin vers l'ouest, est-ce cela qui inquiète le frêle esquif de son sommeil ? La fronde de fougère sinueuse et froide d'un courant effleure le fond de son embarcation et le réveille. Et quand il s'éveille, il voit les îles toujours étales devant lui, bordées de blanc, ombragées de vent, couvertes de collines bleues, familières, mais ne ressent pas, après l'éveil d'un rêve, le soulagement soudain de retrouver le monde et chaque chose ordonnés, mais éprouve plutôt une incommensurable tristesse.

La lettre suit un autre cours encore et,
cette fois, le voyage est vers l'intérieur.
La tempête ne s'est pas calmée. Elle a poussé
la caravelle de Colomb vers le nord, devant
les côtes du Portugal. Juste après la tombée
du jour, la vigie, le seul homme qui ne travaille
pas aux pompes, aperçoit, à la faveur de la pleine
lune et grâce à une trouée dans les nuages,
le roc de Cintra et, plus loin, les eaux calmes
du Tage, voie d'entrée à Lisbonne. Toutes
les voiles, sauf une, ont été arrachées et, toute
la nuit, le vent les pousse vers les brisants de
la côte ; toute la nuit, ils louvoient et progressent,
mais lentement. À l'aube, ils quittent l'œil de
la tempête et filent, vent en poupe, vers l'étroite
brèche du chenal, avec la basse voile enverguée
au grand mât tellement gonflée par les vents
qui déferlent et les embruns qu'elle en est aussi
translucide que les eaux du fleuve dont les traces
transparentes et tendues caressent maintenant
la quille et dont les marins goûtent la douceur
dans l'air constellé d'écume. Puis, ils franchissent
la barre et s'engagent dans la brèche.

Et il n'arrive rien.

À neuf heures du matin, ils sont à l'ancre
dans le Tage, en aval de Lisbonne. Le jour est
clair, mais venteux. Un faucon suspend son vol
dans l'air au-dessus de la vallée du fleuve.

Sur la rive, quelques chèvres à clochette, gardées par une fille vêtue de vert, pâturent près d'une chaumière blanche. Deux pêcheurs viennent à la rame leur parler.

Mais il y a la lettre. Son coin corné dépasse à peine du col du pourpoint de Colomb. Il a fini de l'écrire ce matin, au son de l'incroyable musique des clochettes de chèvre et des bribes du chant de la chevrière, portées par le vent sur les rides de l'eau. À part la note ajoutée ce matin, la lettre est identique à celle qui, en cet instant précis, dérive vers l'ouest dans son baril, captive du courant de ce même fleuve qui la pousse au large. Colomb lève la main pour prendre la lettre. Nous voyons qu'elle est scellée et qu'elle est adressée à quelqu'un. Il la tend à un messager qui serre déjà dans ses mains une petite bourse en cuir, remplie de pièces de monnaie. Le messager écoute les instructions de l'amiral. Il met son chapeau à larges bords. Il enfourche son cheval ; ses bottes clinquantes se glissent dans les étriers. Il s'élance sur la route continentale vers la Cour d'Espagne, à Barcelone sur les rives de la mer intérieure.

Mais attends, messager ! N'es-tu donc pas curieux ? Avant de disparaître derrière ce coude du chemin sur l'autre versant de la colline, pourquoi ne pas laisser ton cheval se reposer

un peu et brouter les herbes du fleuve,
les pousses de fougère sur les rives verdoyantes
du Tage ? Un long voyage, par les landes
rocailleuses et hautes, t'attend, messager, et tout
autour de toi les iris à présent sont en fleurs.
Entends-tu les pigeons roucouler dans
la clairière ? Arrête-toi un moment. Repose-toi.
Décachette la lettre et lis, toi le premier,
ce qu'elle contient.

    Et c'est ce que fait le messager. Il s'assied,
sous le double regard de Janus, devant un pont
étroit dans l'ombre d'un laurier-rose et tire
la lettre de son sac. Elle est légère, une feuille
pliée deux fois. Il se rend compte que le sceau
est épais, mal fixé, facile à défaire. Il humidifie
le parchemin avec son haleine et chauffe entre
ses paumes la cire du sceau jusqu'à ce qu'il
se détache sans se briser du rabat. Ensuite, dans
le soleil de l'après-midi qui s'incline à travers
les branches du laurier et tachette de pastilles
d'ombre la feuille qu'il tient entre ses mains,
il lit...

LA LETTRE

et lisant ainsi, il est transporté dans un jardin.
    À l'endroit où il est assis, le pont qu'il a
devant lui, et qui n'était jusqu'ici qu'un austère

pont de pierres nues, est à présent frangé
de sapins bleus et d'une colonnade de coniques
cyprès, tandis que serpentent le long de
son parapet des vignes chargées de pampres,
entremêlées de lierres grimpants.

Un détachement de saules hante de ses ombres
la rive du fleuve et, plus loin, le hêtre, le tendre
tilleul et le feuillage estival du chêne esquissent
le contour enchanteur d'une clairière.

Le messager gravit le dos d'âne du pont et, après
exactement trente-trois pas, en atteint le sommet
d'où son regard embrasse la perspective entière
du vaste jardin dessiné devant lui, enclos
de milliers de profils de montagnes. Une avenue,
bordée de six ou huit essences différentes
de palmiers, mène du pied du pont au centre
du jardin où elle croise une seconde allée qui
le traverse et le découpe en trois parties ; chaque
partie est couverte d'un dédale de haies (qui ne
sont pas ordonnées, mais agencées par l'œil pour
sembler, dans leur flottante symétrie, aussi
serrées, belles et parfaites que des tapis indiens,
mais tissés de cèdre odorant, de buis, de myrte
et de laurier taillé), et ces haies s'ouvrent sur
de hautes pinèdes et de multiples vergers,
et l'étendue, la fécondité de chaque verger est
prodigieuse, alimentés tous par les clapotis
de ruisseaux jaillissant d'une unique fontaine

près du centre du jardin, qu'embaume le mastic
brut et qu'illuminent le lis et la rose.

Le messager traverse le pont. Quand
il s'avance dans le jardin, la plus tempérée
des brises l'étreint et le pousse, par-delà l'avenue
des majestueux palmiers, à flâner parmi
des arbres très verts et plus beaux que tous ceux
qu'il a jamais vus. Les arbres fruitiers empressés,
dont certains lourds de deux ou trois variétés
de fruits à la fois, penchent dans ses mains leurs
grappes mûres, même s'ils sont toujours
en fleurs. Dans chaque clairière, chaque potager
surélevé devant lesquels il passe, les doux natifs
de l'endroit s'éveillent de leur sommeil ou
se distraient de leur agréable travail et, avec
des gestes d'hommage, lui offrent en cadeau
ce qu'ils possèdent d'eau, de coton, d'or,
leur manière de pain, le produit de leurs cultures
communautaires, pétioles de rhubarbes rares,
fragments de cannelle et de cèdre aromatique,
dont ils n'ont aucun souci de la valeur et pour
lesquels ils n'acceptent rien en retour.
Le messager entend, dans un massif d'arbres plus
hauts le chant, étouffé par la forêt,
d'un rossignol, fil indigo tiré de l'ombre verte
du bois et des pépiements et gazouillis de milliers
d'autres oiseaux. Il suit ce fil. Très haut, dans
la pénombre épaisse des feuillages, des plumes

étincellent à travers le voile des arbres, éclairs
rouges, verts et bleus, couleurs fondamentales.
Le craquement d'une petite branche qu'il écrase
propulse au-dessus de sa tête un vol effarouché
de pigeons qui va, comme une cascade, se briser
contre le ciel et les frondaisons, et plonge,
pendant un instant, la clairière dans le silence.
Le messager appelle et l'écho de centaines
de voix lui répond. Puis, dans un noir boqueteau
au loin, le rossignol recommence à chanter et
le messager pense qu'il ne devrait plus jamais
quitter l'orbe de ce son dans l'ombre de
cette forêt.

   Le messager laisse ici la lettre choir sur
son genou. Chaque chose dans le jardin est
une merveille pour lui, et pourtant la forme
du jardin lui est familière : ses avenues qui
se coupent, sa vaste superficie enclose dans
une jungle plus profonde où des cendres éteintes
signalent des feux avec, plus loin,
le bourdonnement des montagnes. Le jardin
lui est familier et pourtant étrange – et ce n'est
pas l'étrangeté du neuf qu'il ressent, mais celle
d'entrevoir un nouveau domaine de déjà-vu.
Tout est comme il l'avait escompté, mais distant.
Il ne goûte pas les cerises noires qu'il presse sur
sa langue et les fleurs, dans leur grande diversité,
ne dégagent, même s'il est doux, qu'un parfum

général, universel. L'eau du ruisseau est froide
et fraîche, mais tellement épurée qu'elle
n'a même plus le goût de l'eau, et la pomme
n'a pas de poids.

Le messager laisse ici choir la lettre sur
son genou. Et derrière la lettre, les ombres
tombent aussi. Le soir inonde le cours supérieur
du fleuve, s'engouffre et emplit la vallée.
Le messager arrache une branchette de laurier
au-dessus de sa tête, se lève et s'étire. Pendant
un moment, il regarde vers l'ouest,
puis enfourche son cheval et laisse derrière
lui l'océan gronder à l'embouchure du fleuve.
Et ceci marque la fin du commencement,
et Janus, dans la diaphonie de son regard,
se détourne aussi et, pendant quelque temps,
fait face au nord et au sud.

Ce n'est pas la première fois que le messager
prend ainsi connaissance d'une lettre
de manière à connaître d'avance l'accueil qui
lui sera réservé (pour choisir avec soin
le moment de son arrivée et décider s'il doit
la remettre en public, en privé ou en présence
d'un cercle d'amis). Il n'a donc pas entrepris
de la lire d'un œil crédule, mais plutôt critique.
Il comprend tout à coup qu'il ne s'est pas
promené dans un jardin, mais dans le *Jardin de
l'éloquence,* lui-même allégorie de son propre

désir. Les caractères de l'écriture de cette lettre
sont ceux de l'alphabet de la possession,
et ce sont ces caractères qui rendent familière
l'étrangeté du jardin et donnent à comprendre
l'étranger, en ceci que tous les plaisirs qu'il y
entrevoit, le messager les imagine à l'aune
de son propre vif désir. Dans l'alphabet de
la possession, *A* est *aleph,* le bœuf, le joug,
le sillon, la charrue, l'action de planter, de semer,
la moisson, l'agriculture, l'engraissement
du bétail et l'abattage ; *B* est *beth,* maison, foyer,
toute manière d'édifices publics et privés, pierre
de l'âtre, puits et mur ; et *C, gimel,* chameau,
messages de l'étranger, commerce, empire.
Ces lettres sont le b a ba. L'alphabet de
la possession est la première leçon de
la rhétorique de l'altérité et ses caractères sont
les outils du métier du messager.

　　La deuxième leçon est la parade.

LA PARADE !

Colomb est en route aussi. Quand le messager
se lève et s'étire, Colomb, déjà près de la côte,
à trois jours de voile de Lisbonne, attend que
la marée montante lui fasse franchir la barre
de Saltés. Quand le cheval du messager traverse
le pont étroit, Colomb ferle ses voiles au large

de Palos, avec ses maisons dorées par la lumière
du soir et la foule rassemblée sur la jetée.
Et quand le messager atteint la bonne route
à Talvera de la Reina, Colomb a déjà quitté Palos
pour Séville. Quand le messager descend
à cheval les collines derrière Barcelone et hèle
la sentinelle postée à la porte du nord, Colomb,
à Cordoue, caresse entre son index et son pouce
la pointe du sein gauche de Beatriz Enríquez
de Harana, et elle gémit et dit doucement :
« Ma colombe, ma colombe. » Quand
le messager franchit au galop la porte de la ville
et les portes du palais, Colomb, fébrile, la prend
dans ses bras et s'écroule sur le lit. Et quand
le messager franchit à cheval la porte de la ville
et les portes du palais et dépose la lettre dans
les mains blanches de la reine... il voit cette lettre
fleurir en centaines de copies d'elle-même
et flotter, en filigrane, dans les vifs étendards,
les guirlandes de fleurs, les carillons et
le claquement des drapeaux de la Parade
du printemps. Il voit la ville entière alignée
le long des rues, saisie de curiosité et
d'appréhension, prise comme dans
un déferlement de vagues et de courants
sous-marins ; il voit les grosses branches
des platanes couvertes d'un feuillage d'enfants ;
il voit des volets qui s'ouvrent, des balcons

bondés, des mouchoirs qui s'agitent,
des chapeaux lancés en l'air, des danses et
des chants, de luxueux rubans et des costumes
d'apparat ; et il se voit lui-même, plus clairement
que tout le reste. Il se voit galoper dans le dédale
des rues jusqu'à la porte de la ville pour prendre
sa place dans la grande parade, lui, le messager,
le premier messager. Et quand le messager voit
tout ceci, Colomb est déjà sous les remparts et
les cavaliers de la ville sont venus le saluer.
Les sabots nerveux de leurs chevaux sonnent sur
le pavé comme un tonnerre d'applaudissements.
Colomb est déjà à la porte de la ville et quand
il s'avance dans l'enceinte des murailles, traînant
derrière lui le déploiement de ses souvenirs
étranges, les acclamations fusent tout autour
de lui.

LES SOUVENIRS

Vous entendez Colomb chanter le long des rues ;
il chante pour lui-même. Il chante à voix basse
tout le long du chemin jusqu'au Saló del Tinell
où, sous une voûte de six grands arcs, le roi,
la reine et les gens d'église attendent
la cérémonie de sa présentation. Un rayon
de lumière tombe, oblique, d'une haute fenêtre
donnant sur la cour du château et éclaire

leur petit groupe, disposé en grande pompe
au centre de la sombre salle aux murs de pierre,
et Colomb lui-même y apparaît maintenant.
Il reprend les termes de sa propre lettre
et commence : « Quoique de ces terres, d'autres
aient parlé ou écrit, ce n'était que par
conjectures, sans pouvoir alléguer les avoir
vues, mais je comprenais bien ce que la plupart
entendaient et jugeaient plus pour fable que
pour autre chose... » Puis, pour attester de
ses dires, il se tourne vers la porte d'où, pendant
qu'il en énonce le nom indigène, spécule
sur leur nature, leur emploi et leur espèce,
les souvenirs, un à un, sont introduits :
six Indiens presque nus ; une douzaine
de perroquets, certains empaillés, d'autres
enchaînés à des perchoirs ; plusieurs plateaux
d'objets, de fruits et d'échantillons ; un petit
protège-poitrine en or ; un masque en or ;
quelques perles dans un bol de cuivre ; quelques
vêtements de coton.

    Ils sont censés représenter autre chose,
les souvenirs, quelque chose de plus, comme
des îles dans la mer suggèrent l'existence
d'une côte étrangère. Mais chaque souvenir,
amené dans le rayon de lumière, projette
une ombre qui est à la fois l'ombre de l'objet
lui-même, mais aussi l'ombre de l'oubli ;

chaque chose produite et nommée ouvre
une porte sur la pièce vide de la perte. Observez
Colomb qui se retourne, avec sa main tendue
vers la porte noire dans un geste à la fois d'appel
et de congé. Chaque fois qu'il se tourne,
il entend le nom qu'il vient de dire se réverbérer
dans la salle aux murs de pierre comme s'il était
une image dans une chambre de miroirs.
Chaque écho qui tremble dans les recoins plus
sombres de la pièce annonce en quelque sorte
sa propre disparition. Les choses elles-mêmes
commencent à vaciller sous son regard et
deviennent transparentes ; elles semblent fuir
et lui échapper. Mais pendant tout ce temps,
Colomb continue de chanter, de chanter pour
lui-même jusqu'à ce que les pierres, elles aussi,
semblent chanter.

Et c'est là où nous le laissons, debout sous
l'arc de la voûte du Saló del Tinell. Il regarde
en arrière, une main tendue derrière lui vers
la porte de pierre, la bouche entrouverte, sur
le point de parler ou qui parle peut-être, mais
figé maintenant dans le temps, et par conséquent
silencieux, tellement silencieux que vous
entendez, si vous écoutez, dans les coins sombres
de la salle, le long des lourdes poutres de bois,
des linteaux, des impostes des arcs, loin dans
les renfoncements des portes et dans

les corridors, les ombres qui s'installent,
bruissent dans leur nid, se ménagent un espace –
oui, se ménagent un espace dans un monde
nouveau.

NOTES

PAGE 11 : *Columbus primus inventor Indiae* est la planche VI de l'ouvrage de Théodore de Bry, *India Occidentalis,* vol. 4 (Impression Franco-furti, 1590). La gravure est reproduite ici avec l'aimable autorisation de *The Newberry Library,* Chicago (Collection Edward E. Ayer).

PAGES 13-14 : Ovide chante Orphée le barde (extrait des *Métamorphoses,* livre X, 86-106).

PAGE 19 : D'après Gordon Brotherstone, dans son *Image of the New World* (Thames and Hudson, 1979), la légende arawak qui décrit l'origine des Caraïbes fut à son tour adoptée par les Caraïbes pour expliquer l'origine des Espagnols. Cette légende raconte qu'une fille, contrevenant à un tabou, s'assied sur le sol pendant ses menstruations et est fécondée par un serpent, que tuent les frères de la fille. Après leur naissance, les enfants du serpent, devenus des Caraïbes (ou des Espagnols) s'enquièrent de leur père. La mère explique que ses frères l'ont tué et les hostilités commencent.

PAGE 20 : Les questions de l'entrevue d'Alonso Sanchez sont empruntées à la proposition 333 du dernier livre de Ludwig Wittgenstein, *De la certitude,* auquel il travaillait au moment de sa mort. (Ludwig Wittgenstein, *De la certitude,* traduit de l'allemand par Jacques Fauve, Paris, Gallimard, coll. « Tel », 1987.)

PAGES 25-26 : Les citations sont extraites des *Voyages de messire Jehan Mandeville,* de Jean d'Outremeuse ; du livre de Pierre d'Ailly, *Imago Mundi* (texte latin et traduction française des quatre traités cosmogra-phiques de d'Ailly et des notes marginales de Christophe Colomb. Étude sur les sources de l'auteur, 3 vol. ; Traduction Edmond Buron, Paris, Maison-neuve Frères, 1930) ; de l'*Histoire naturelle,* de Pline l'Ancien et de *Marco Polo ou remarques sur les voyages de Marco Polo, gentilhomme vénitien* (Auteur anonyme, date de rédaction de 1700 à 1799, manuscrit, Bibliothèque nationale de France. Cote : Paris, BNF, fr. [9679].)

PAGE 35 : Cette chanson de marins et d'autres chants et prières de navigateurs se retrouvent dans l'ouvrage de S. E. Morison, *Admiral of the Ocean Sea, a life of Christopher Colombus,* Boston, Little, Brown and Co, 1942, p. 173 et sq.

PAGE 39 : Cette image est un détail de la planche VI de l'ouvrage de Théodore de Bry, *India Occidentalis,* vol. 4 (Impression Franco-furti, 1590).

PAGE 41: « Andando más, más se sabe » (Plus on va loin, plus on sait), écrit Colomb, vérifiant par expérience son opinion antérieure que le monde est constitué de six parts de terre et d'une part de mer. Cette citation est extraite de *Select Documents Illustrating the Four Voyages of Columbus,* ouvrage traduit en anglais par Cecil Jane, qui en est aussi directrice de rédaction, 2 vol., Londres, Hakluyt Society, 1930. Voir aussi Steven Greenblatt, *Marvelous Possessions,* Chicago, University of Chicago Press, 1991, pour une intéressante étude du contexte.

PAGE 69 : Le patonne est la planche 51 de *The Drake Manuscript in the Pierpont Morgan Library. Histoire naturelle des Indes.* Préface de Patrick O'Brien. Introduction par Verlyn Klikenborg, Londres, André Deutsch Limited, 1996, XXIV-212 p., ill. en couleurs (reproduction en fac-similé des 124 f. d'un recueil d'aquarelles sur l'Amérique du XVIᵉ siècle, légendées en français dont l'auteur anonyme était un huguenot français, compagnon de Francis Drake). *The Pierpont Morgan Library,* New York. MA 3900. Cette planche est reproduite ici avec l'aimable autorisation de *The Morgan Library.*

PAGE 95 : L'écriture reproduite ici est celle de Colomb.

PAGE 113 : Le *Jardin de l'éloquence* : allusion à *The Garden of Eloquence,* ouvrage de stylistique et de rhétorique (1593) de l'auteur anglais, Henry Peacham (1546-1634).

PAGE 117 : La citation est extraite de la « Lettre à Luis Santagel », écrite pendant une tempête au large des Açores les 14 et 15 février 1493 (Colomb, Christophe, *La Découverte de l'Amérique, II. Relations de voyage. 1493-1504,* traduit par Soledad Estorach et Michel Lequenne, Paris, François Maspero, 1980, p. 54.)

Les extraits du *Journal de bord* du premier voyage de Christophe Colomb en Amérique, cités tout au long du livre, sont adaptés en grande partie de *La Découverte de l'Amérique, I. Journal de bord. 1492-1493,* traduit par Soledad Estorach et Michel Lequenne, Paris, François Maspero, 1980. Dans certains passages, il a aussi été fait référence à la biographie de Christophe Colomb écrite par son fils, Fernando Colon *(Histoire de la vie et des découvertes de Christophe Colomb par Fernand Colomb, son fils,* traduit par Eugène Muller, Paris, Maurice Dreyfous, éditeur) et à l'*Histoire des Indes,* de Bartolomé de Las Casas, traduit de l'espagnol par Jean- Pierre Clément et Jean-Marie Saint-Lu. Préface et chronologies d'André Saint-Lu, Paris, Seuil, 2002.

REMERCIEMENTS

J'ai passé une grande partie de mon enfance à caboter avec ma famille le long des côtes de la Nouvelle-Écosse et de Terre-Neuve, souvent aux aguets dans les brumes de l'Atlantique pour repérer une cloche, un feu, une terre ou la coque menaçante d'un cargo, annoncée longtemps d'avance par les vibrations de ses hélices, un bruit à peine audible. Le monde, vu sous cet angle, peut paraître incertain et à la fois particulièrement clair et précieux : la trace, dans l'air vif, d'une odeur d'épinette que le soleil réchauffe. C'était un endroit magnifique pour commencer à penser aux distances qui imprègnent ce livre. Mes remerciements vont à ma mère, à mon père, à mon beau-père, à mon frère qui m'ont embarqué avec eux.

Quand il faut autant de temps qu'il m'en aura fallu pour écrire un ouvrage aussi bref que le mien, la liste de ceux qui ont aidé en cours de route risque d'être plus longue que le texte lui-même : la gratitude m'est devenue un mode de vie pendant la rédaction de ces pages. Je voudrais néanmoins adresser mes remerciements tout particuliers à quelques personnes : Kay Redhead, qui a pensé que c'était une bonne idée ; Ted Chamberlin, dont les conseils pour ce projet remontent à une époque où je n'avais pas encore moi-même conscience qu'il s'agissait d'un projet ; Martha Reynolds ; Stan Fillmore ; SaraJane à qui j'ai lu ma première page et grâce à qui cette première lecture a vraiment compté ; Steven et Gail Rubin pour plus de choses que je saurais l'exprimer ; Lynda Rosborough qui m'a hébergé ; Ian Greig ; Melissa Campbell ; Linda, Meghan, Linnet et Nigel ; Derk Wynand et Marlene Cookshaw pour leurs remarquables talents de lecteurs ; Ricardo Sternberg ; Michael Harris ; Eric Ormsby ; et Fiona. J'aimerais aussi remercier les revues dans lesquelles certains extraits de ce texte ont été publiés : *The Malahat Review, The Fiddlehead* et *The Jean Rhys Review ;* et, pour le don de temps, l'Université Sainte Anne, le Conseil de recherches en sciences humaines du Canada, le Programme explorations du Conseil des arts du Canada et le Conseil des arts de Nouvelle-Écosse. Et j'aimerais remercier Joan Harcourt, Joan McGilvray et tous ceux qui, à McGill-Queen's Press, se sont chargés de mon livre et l'ont fait à la perfection.

Cet ouvrage
composé en New Baskerville corps 10,5
a été achevé d'imprimer en mai 2004
sur les presses de AGMV Marquis
pour le compte des éditions de la Pleine Lune

Imprimé au Québec (Canada)